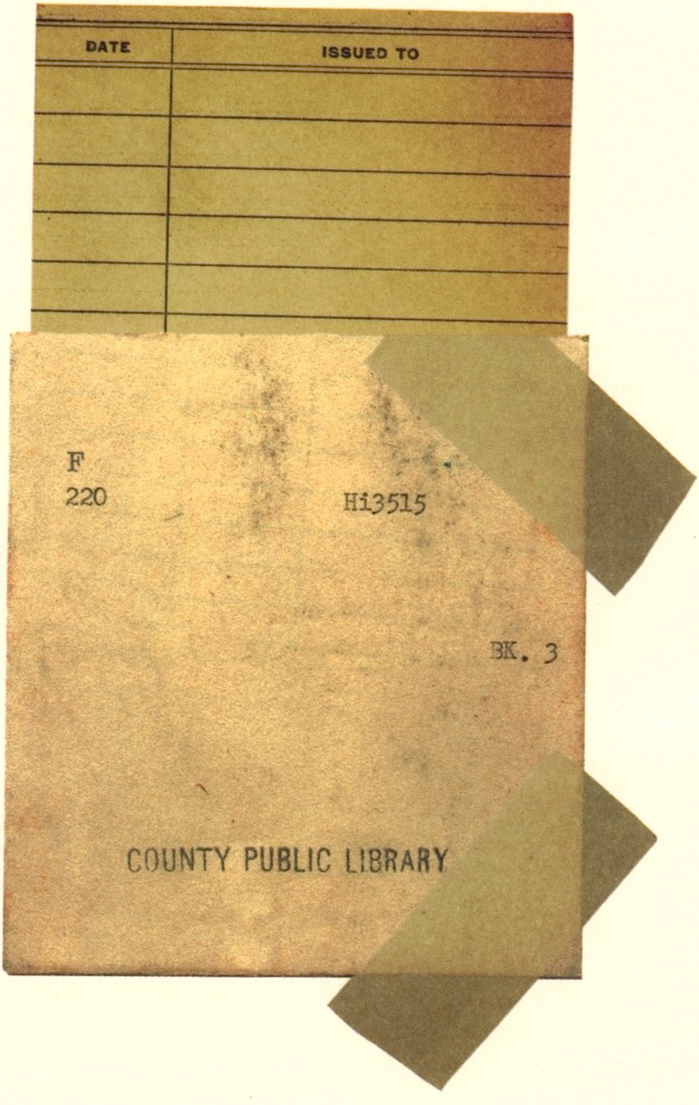
DATE
ISSUED TO
F
220
Hi3515
BK. 3
COUNTY PUBLIC LIBRARY

Du même auteur

*City on Fire*, Plon, collection « Feux croisés », 2016 ; Le Livre de poche, 2017.

# *VIES ET MŒURS DES FAMILLES*

# *D'AMÉRIQUE DU NORD*

*Traduit de l'anglais (États-Unis)*
*par Élisabeth Peellaert*

# VIES ET MŒURS DES FAMILLES D'AMÉRIQUE DU NORD

GUIDE PRATIQUE PORTANT PRINCIPALEMENT SUR LES FAMILLES HUNGATE ET HARRISON, PRÉSENTANT LEUR MODE DE VIE, LEUR HABITAT, LEUR DISPERSION, ETC., COMPORTANT UNE DESCRIPTION EXHAUSTIVE DU PLUMAGE DES SPÉCIMENS ADULTES ET JEUNES, AU SEIN D'UNE ÉTUDE TAXINOMIQUE DE NOMBREUX ASPECTS DE LA VIE FAMILIALE.

PAR

GARTH RISK HALLBERG

ACCOMPAGNÉ DE SOIXANTE-TROIS ILLUSTRATIONS

CONÇUES PAR DIFFÉRENTS ARTISTES

FEUX CROISÉS
PLON

Titre original
*A Field Guide to the North American Family*

Collection Feux croisés

*L'auteur exprime sa reconnaissance à Buzz Poole, Christopher D. Salyers, Cassandra J. Pappas, Oliver Munday et à tous les artistes qui ont généreusement offert leur temps et leur talent – et spécifiquement à Sean Peterson.*


Édition originale : Mark Batty Publisher, New York, New York, 2007
ISBN édition originale : 978-0-9779850-9-8

Édition française publiée par :
© Éditions Plon, un département d'Édi8, 2017
12, avenue d'Italie
75013 Paris
Tél. : 01 44 16 09 00
Fax : 01 44 16 09 01
ISBN Plon : 978-2-259-25271-3

« Un morceau du corps arraché par la racine pourrait bien être plus adéquat. »

— James Agee[1].

1. James Agee, *Louons maintenant les grands hommes*, 1941. Traduction de Jean Queval, Plon, « Terre humaine », 1972. *(Toutes les notes sont de la traductrice.)*

## DEUX FAMILLES REPRÉSENTATIVES

JACK (1955-)
*J. Hungate*

ELIZABETH (1959-)
*E. Conroy*

GABRIEL (1986-)
*« Gabe »*

JACQUELINE (1995-)
*« Jackie »*

FRANK (1956-2003)
*F. Harrison*

MARNIE (1958-)
*M. Russo*

LACEY (1986-)

THOMAS (1987-)
*« Tommy le Menteur », « TM »,*
*« Le Lieutenant »*

# COMMENT LIRE CE LIVRE

Nous souhaitons ici sincèrement offrir à tous les lecteurs une histoire qui se révélera profitable. À cette fin, nous leur proposons plusieurs méthodes de navigation.

Un *mot repère en lettres majuscules* apparaît en haut de toutes les pages paires, indiquant l'article traité dans la page. Le lecteur peut choisir de les suivre de façon séquentielle – c'est-à-dire alphabétique.

Une *série de renvois principaux* en fin d'article oriente le lecteur vers des articles proches. Le lecteur peut décider de suivre ces renvois jusqu'à lecture complète de tous les articles et la fin de la narration.

Une *série de renvois secondaires* apparaît en caractères romains à l'intérieur des légendes des photos et signale au lecteur curieux des articles qui peuvent l'intéresser. Comme les renvois principaux, ceux-ci permettent de naviguer entre les récits de manière non séquentielle.

Des lecteurs audacieux pourraient même choisir de cheminer au hasard dans le livre.

Les photographies qui accompagnent ce volume sont les œuvres d'un certain nombre d'artistes dont on trouvera les noms et les réalisations répertoriés en fin d'ouvrage. Nul doute que ces illustrations aideront dans leur approche les lecteurs désireux de se familiariser avec les Familles d'Amérique du Nord.

North Wal
N O
supposed Straits
of Anian.
A M E

# VIES ET MŒURS DES FAMILLES D'AMÉRIQUE DU NORD

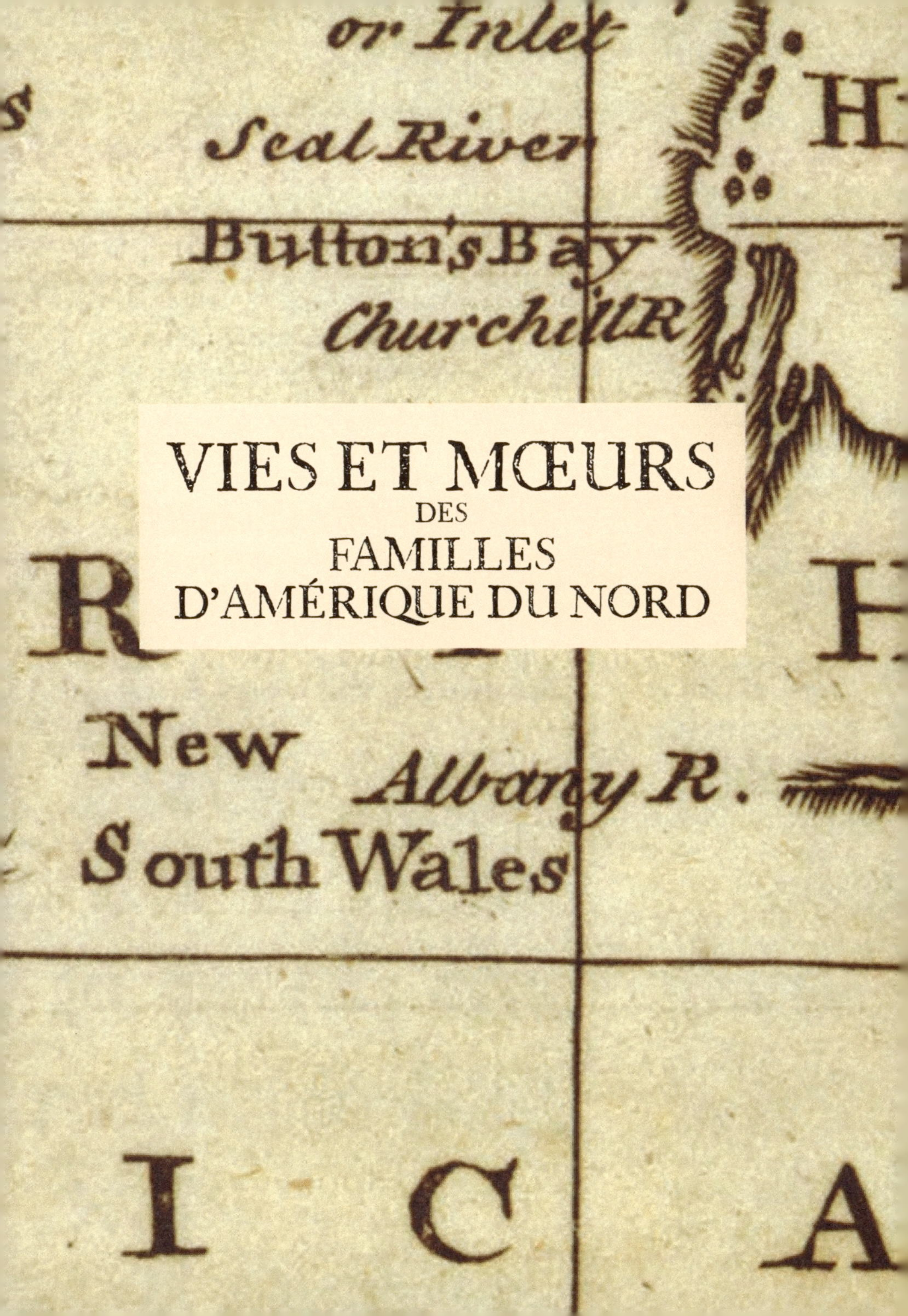

# *ADOLESCENCE*

C'est les coupe-boulons qui taillent un trou dans le grillage, juste assez grand pour laisser passer le corps d'un garçon maigre. C'est le sac à dos dans lequel bringuebalent des aérosols de peinture. On sait ce qu'on fait en naviguant parmi les silhouettes sombres des rames ; c'est les rails qu'il faut prendre soin d'éviter. C'est le souvenir de batteries explosées dans une vie plus ancienne et plus petite, au-delà des lois. Ou au-delà de la rangée de wagons pourris, dont les plus récents ont été, selon le maire, traités à la peinture antigraffitis. C'est l'afflux de sang dans les oreilles. L'image sur l'envers des yeux. C'est le ciel au-dessus de la ville coloré en violet comme l'intérieur du cœur : nuageux, maussade, rayonnant d'une lueur pâle bien après de lointaines explosions.

01 *Souvent assimilée à* Liberté, l'Adolescence *sauvage ressemble davantage à Quête de* Sens.

VOIR AUSSI :
ALLEZ SAVOIR (16) ANGOISSE (22) ATTRACTION (24)
CHIMIE (30) ENNUI (54) INNÉ *VS* ACQUIS (74)
RÉBELLION (106) TENDRESSE (128)

## *ÂGE ADULTE*

Avec les enterrements, c'était presque comme avec l'école primaire. Il y avait des règles qu'on apprenait tôt ou tard, par la manière douce ou par la manière forte. S'asseoir sans bouger. Écouter. Offrir à sa femme ou à sa fille une main à tenir, comme si se tenir les mains était quelque chose que la famille faisait encore. Serrer les doigts pour dire qu'on risque de pleurer aux moments qui semblent appropriés. Quand on croit qu'on va vraiment pleurer, chausser des lunettes de soleil. C'était la dure réalité : comme l'école, le travail et tout le reste dans la vie de Jack Hungate, les enterrements avaient fini par perdre leur nouveauté et par devenir un simple ajout à son agenda, et vers la fin de la quarantaine il assistait en moyenne à un ou deux enterrements par an : collègues de travail, anciens camarades de fac, membres oubliés de la famille. Voisins. Le soleil brillait le jour où on avait mis Frank Harrison en terre, par exemple, et tandis qu'il regardait, derrière ses verres teintés, l'aura de cheveux blonds sur la tête de sa femme et de sa fille et le début de pattes sur les joues de son fils, Jack songeait qu'il ne connaissait pas vraiment cet homme alors qu'il l'avait vu au moins une fois par semaine au cours des dix dernières années – au total, quelques centaines d'occasions d'entretenir des relations de bon voisinage. À plusieurs reprises, chaque été, Frank était venu avec sa famille, invitée au barbecue ou à la piscine. Leurs enfants avaient le même âge, à peu de chose près. Un souvenir flottait dans le brouillard : Frank Harrison émergeant de la piscine derrière la maison, à demi nu, énorme, grondant de sa voix de stentor qu'il échangerait son royaume pour une serviette et une bière. Et soudain Jack se rendit compte qu'il aurait pu s'agir de l'éclatement de *ses* artères. Que ça aurait pu être *son* cœur. Il s'efforça de garder un air triste. Il regarda, derrière l'océan de visages endeuillés, en direction du bras de mer, lointain et argenté. L'air était chargé d'encens. Un silence étrange retombait, comme après une chute de neige, interrompu seulement par la litanie du curé, le bourdonnement des avions à l'atterrissage et la respiration étranglée de la veuve. *Ça aurait pu être moi*, se dit Jack, mais ce n'était pas lui. Un mois plus tard, quand Elizabeth et lui se seraient séparés, il se surprendrait à maudire le décorum creux du country club. Mais ce jour-là il en avait fait bon usage ; personne n'avait pu deviner qu'il se réjouissait intérieurement. Ou, bien qu'il fût de tout cœur avec Marnie et les deux enfants Harrison, Lacey et – il s'appelait comment déjà ? – Tommy, qu'il n'avait jamais vraiment éprouvé la moindre affection pour le mort.

02 Âge adulte *se distingue de* Maturité *par sa tendance à s'accrocher à la chrysalide. Parfois, on constate qu'*Âge adulte *disparaît pour se fondre dans* Adolescence *après une première percée déstabilisante dans le monde.*

VOIR AUSSI :
CHARGE FISCALE (28) CRÉDIT IMMOBILIER (36)
CRISE DE LA QUARANTAINE (38)
DISCRÉTION (44) DIVORCE (48) LIBERTÉ (88)
SACRIFICE (118)
TRADITION (130)

# *ALLEZ SAVOIR*

Aux dernières nouvelles, le fils des voisins, le petit Harrison, prenait la direction de l'autoroute dans une petite berline bleue. C'était à peu près au moment où la Geo du fils Hungate a disparu de l'allée. (Si seulement les horribles graffitis à côté de leur piscine avaient disparu avec.) Ma Tiffany est l'unique témoin de ce qui est arrivé à la Geo le jour de sa disparition, mais ce qu'on m'a dit c'est que le fils Harrison l'a volée. Deux scénarios ont circulé le mois dernier lors de la réunion des Amis de la Bibliothèque, du fait de l'absence de Marnie Harrison : un, que son fils avait volé la voiture à titre de revanche contre celui qui se trouvait aux Soins Intensifs et qui, selon lui, l'avait toujours maltraité. Deux, qu'il était allé rendre visite à son ami à l'hôpital, qu'il lui avait avoué que c'était lui qui avait dit la vérité à la fille, et que le fils Hungate, sûrement abruti par les médicaments, avait donné la voiture au fils Harrison, après quoi ce petit idiot avait foncé en direction de la ville, ou de l'ouest, où, pour ce que j'en sais, il se trouve toujours.

03 *Cette Famille particulière combine les caractéristiques d'*Ironie *et de* Résignation *dans un cadre plus étroit. Aucune étude d'impact sur* Allez savoir *n'a pour le moment été entreprise.*

VOIR AUSSI:
ANGOISSE (22) CULPABILITÉ (40) DÉPRESSION (42)
FIDÉLITÉ (58) LIBERTÉ (88) MATÉRIEL (92)
MATURITÉ (94) RECONNAISSANCE (110)

## *AMI DE LA FAMILLE*

D'aussi loin qu'ils se souviennent, l'un a toujours connu l'autre ; seules deux longueurs de clôture séparent leurs maisons et une chienne schnauzer agressive nommée Tiffany qui patrouille le jardin derrière celle des Perlmutter en lançant ses aboiements perçants sur quiconque, humain ou animal, s'approche à moins de cinq mètres. Les deux familles sont liées depuis que leurs mères ont découvert qu'elles devaient toutes les deux accoucher en septembre 1986, l'une du garçon qui serait Gabriel et l'autre de la fille qu'elle baptiserait Lacey. Marnie et Elizabeth continuent à nager et à bavarder ; Frank et Jack se prêtent leurs outils de jardinage ; Lacey joue la mère de substitution pour Jackie. Et donc, il est étrange que les garçons, avec seulement quatorze mois de différence, n'aient jamais été amis. Gabriel, quand il le peut, gravite toujours autour des autres enfants du voisinage qui rejettent les bouboules comme le petit Thomas Harrison. Pour sa part, Gabe ne s'est jamais beaucoup fié à Tommy, toujours à cligner des yeux, obséquieux comme un chiot et atrocement vantard. Et, depuis que Gabe a raconté aux autres que le garçon plus petit prétendait avoir une piste de bowling dans son sous-sol, chose manifestement fausse – c'est-à-dire depuis que le surnom « Tommy le Menteur » est revenu aux oreilles du titulaire –, il a la désagréable certitude que c'est un sentiment partagé.

04 Ami *ou* Amis *étaient autrefois répandus dans toutes les Familles d'Amérique du Nord. La rivalité avec* Divertissement *semble avoir réduit leur nombre de façon substantielle.*

VOIR AUSSI :
ALLEZ SAVOIR (16) ANGOISSE (22) HIÉRARCHIE (68)
INNÉ *VS* ACQUIS (74) PROVIDENCE (102)
RECONNAISSANCE (110) SENS, QUÊTE DE (124)

## *AMOUR*

À le voir quand ils l'ont amené, c'était entre quarante-huit heures et peut-être soixante-douze au plus tard. Même sous le drap, sur la civière, on le devinait d'après les fluides qui commençaient à suinter, comme la graisse d'un cheesecake rend l'emballage presque transparent aux endroits où elle s'étale. Dès qu'on parle de second ou troisième degré, on parle de perte de fluides en grosse quantité. C'est le danger principal. Pensez à un morceau de viande trop cuit. C'est ce que nous sommes tous, en réalité. Et voilà le Dr Ross qui court partout comme la reine d'Espagne parce que son étude de cas est publiée dans le *Journal de l'Association médicale américaine*. Et je lui reconnais le mérite d'être une pionnière dans cette technique – certains s'y refusent, mais qu'est-ce que j'y connais, moi ? Pourtant il y a une grosse différence entre empêcher quelqu'un de mourir et lui donner une raison de vivre. Et puisque c'est, semble-t-il, le sens de votre question, laissez-moi simplement vous parler de cette famille et de cette petite pom-pom girl qui confectionnait les biscuits. Ils étaient là tous les jours quand j'arrivais et elle était là quand je partais.

05 *Certes,* Amour *n'est pas l'individu le plus visible de son règne, il n'a cependant jamais été autant menacé d'extinction que les défenseurs de l'environnement voudraient nous le faire croire, car s'il disparaissait la Famille tout entière cesserait de fonctionner.*

VOIR AUSSI :
ÉCLAIR DE LUCIDITÉ (50) ENGAGEMENT (52)
INSTINCT MATERNEL (78) JEUNE (86)
RÉCONCILIATION (108) RÉSIGNATION (112)
SÉPARATIONS, AMIABLES ET CONFLICTUELLES (126)

# *ANGOISSE*

La première fois qu'il avait goûté à la drogue, Gabriel Hungate avait treize ans, et c'était à l'insu de son père, de sa mère ou de sa petite sœur. Diversement décrit comme « buté », « difficile à cerner » et « persuasif », il attirait depuis longtemps l'attention des garçons du voisinage qui avaient deux ou trois ans de plus que lui. Quand l'un d'entre eux, dans son jardin, lui avait proposé une pipe fabriquée à partir d'une canette en aluminium et ce qui restait d'un « sachet à dix dollars », il avait aussitôt accepté. Les choses auraient pu aussi bien commencer par un comprimé d'éphédrine, une dose de Ritaline ou un verre de tequila ; au cours des mois de confusion et d'égarement qui avaient suivi, Gabriel avait émis l'hypothèse que, à l'inverse de la verticalité rigide du « postulat de la porte de sortie », stimulants et sédatifs formaient un réseau horizontal, tous reliés entre eux. Alcool, nicotine et cannabis, parce que les plus faciles à obtenir, étaient les toxiques le plus souvent utilisés à l'intérieur de sa cohorte et par le sujet lui-même. Les symptômes caractéristiques de l'abus de drogues (abattement, échec scolaire, isolement) étaient, chez Gabriel, masqués par des perturbations familiales concomitantes. Son appétit pour les *downers* se situait parfaitement dans la moyenne statistique de son sexe et de son âge ; ses tendances à les ingurgiter en solitaire et à ne pas révéler la fréquence et l'intensité de son intoxication, même à ses pairs, constituaient des conduites aberrantes. Gabriel inclinait à mener ses expériences dans sa chambre ou dans la salle de jeux du sous-sol, à repousser ses limites en mettant la musique à fond et en passant des heures assis dans le noir, rongé par le remords. Même lors de soirées passées à écluser des bières, il préférait s'isoler des autres, parce que selon lui, si on le cherchait, on finirait par le trouver. Personne ne le cherchait. Il faut aussi remarquer, étant donné les excès systématiques répétés sur plusieurs années, l'arrêt brutal de ces conduites. Après avoir construit un « mur à graffitis » chez sa mère dans le fond du jardin, Gabriel Hungate, pour des raisons qui dépassent le pouvoir explicatif de cette étude, a cessé de prendre des drogues à un âge (dix-sept ans) où la plupart de ses pairs accumulaient les expériences. Il s'est alors mis à peindre (cependant, et le fait est significatif, les modes de comportement en lien avec l'état de manque, le sentiment de culpabilité et une forte consommation de tabac ont persisté jusqu'à son accident).

06 *Le registre fossile indique qu'*Angoisse *est une espèce juvénile apparue relativement récemment. Sans doute le produit d'un croisement entre* Ennui *et* Dépression, *sa première apparition a été décrite il y a moins de cinq cents ans.*

VOIR AUSSI :
ADOLESCENCE (12) AMOUR (20) CHAGRIN (26) CHIMIE (30)
DIVORCE (48) PHASE (100) QUESTIONS, LANCINANTES (104)
SENS, QUÊTE DE (124)

# ATTRACTION

Le garage, c'est là où ça a commencé. Il était censé le nettoyer pour, genre, dix dollars ou quelque chose. Ma mère m'avait envoyée emprunter un taille-haie, et Mme Hungate m'avait dit d'aller dans le garage et de demander à Gabe de m'aider à mettre la main dessus. Au début, je ne l'ai pas vu. Il faisait noir là-dedans avec juste une seule ampoule et tout. Même s'il y avait des fenêtres, le jour était gris dehors en cette fin de mois d'août. Je me souviens d'avoir vu une balle de tennis accrochée au plafond comme un pendu. Plutôt flippant. Et ensuite j'ai entendu ces claquements de l'autre côté de la voiture. J'ai contourné le pare-chocs arrière et je l'ai trouvé accroupi là, sur le sol en béton, occupé à ranger des bombes aérosols dans une caisse à lait. Il a un peu sursauté quand il a entendu son nom. L'air de dire : Tu veux quelque chose ? Je lui ai parlé du taille-haie. Après ça, il s'est radouci ; j'avais dû lui faire peur, c'est tout. Nous avions dix-sept ans et ne nous étions plus parlé depuis une éternité, depuis le jour où je l'avais poussé dans la piscine parce qu'il avait voulu me soulever par la culotte de mon maillot. Ou au moins depuis la mort de mon père. Gabe avait trente centimètres de plus qu'à l'époque où j'avais eu le béguin pour lui, mais pas seulement… il était devenu plus secret sans doute. Plus taiseux. Il a sorti le taille-haie de là où il se trouvait et me l'a donné en disant : « Quoi d'autre ? » Je crois qu'il pleuvait dehors. Je lui ai dit que j'étais désolée pour ses parents. Il m'a regardée comme s'il allait me gifler. « Je préfère ne pas en parler. » Je lui ai dit que j'étais passée par là. Qu'est-ce que j'en avais bavé. Mais quand je me suis excusée, il a dit : « Tu n'as pas à t'excuser. » Et tout à coup je me suis retrouvée assise sur le capot de la Volvo de sa mère, sa taille entre mes cuisses et on s'embrassait. J'avais déjà embrassé des garçons, mais pas comme ça. Pas en luttant et en embrassant à la fois, nos boucles de ceinture frottant l'une contre l'autre. Quand j'ai dit que devais partir, je pensais *Dis-moi de rester*, mais il ne l'a pas fait. J'ai passé deux semaines d'angoisse avant qu'il m'appelle pour me demander : « Alors tu fais quoi ? »

07 *L'attraction entre deux corps peut se calculer en multipliant le quotient du produit de leurs masses combinées et le carré de la distance entre eux par la constante universelle de gravitation, G.*

VOIR AUSSI :
ADOLESCENCE (12) DÉPRESSION (42) ÉCLAIR DE LUCIDITÉ (50)
FIDÉLITÉ (58) INCERTITUDE (70)
INTIMITÉ (82) RUMEUR (116) TENDRESSE (128)

## *CHAGRIN*

Moins d'un mois après l'accident de Gabe, elle était de retour dans son gymnase en uniforme blanc de pom-pom girl, ses pieds retrouvant les figures compliquées comme si elle ne s'était absentée qu'un week-end. Si elle avait perdu quelque chose, c'était seulement la voie intérieure qui devait la mener, l'an prochain, à la position de capitaine des pom-pom girls, la faveur qu'elle aurait acquise au cours de ces quatre semaines supplémentaires auprès des autres filles. Elle n'aurait jamais imaginé, ni espéré, que maintenant leur sympathie à son égard lui garantissait virtuellement la place. Que sa meilleure amie et plus proche rivale Michelle DuPlessis était prête à la lui céder. Lacey n'aborda pas le sujet, ne laissa à Michelle aucune ouverture. Au lieu de quoi elle se lança avec enthousiasme dans les nouveaux enchaînements, frappant des mains, donnant des claques sur ses hanches, secouant le popotin, bondissant, tombant au sol, remontant en vrille l'index pointé en l'air, avec ce sourire triomphant si bien rodé qu'il paraissait parfaitement spontané. Elle transpirait un peu plus qu'à l'ordinaire – elle était en petite forme et l'entraînement était ardu –, mais elle résista à l'envie de poser les mains sur ses cuisses pendant les pauses. À la fin de l'entraînement, au moment de faire la pyramide, les filles insistèrent pour qu'elle reprenne sa place au sommet. Elle était la plus légère après tout. En s'élevant, hissée par les mains douces sur ses jambes et son dos, elle oublia, un instant, s'être jamais absentée. Du haut de la pyramide, il était difficile de croire que quiconque pouvait mourir. Et si, plus tard, elle resta un peu affalée sur le banc des vestiaires en attendant que les autres filles sortent de la douche avant de retirer ses vêtements, aucune n'eut le mauvais goût de laisser deviner qu'elle avait remarqué quoi que ce soit.

08 *Lent à s'adapter aux bouleversements écologiques,* Chagrin *ne se développe aujourd'hui que dans la solitude. Il devient plus compliqué de l'observer à cause de ses* Habitudes *nocturnes, et du fait qu'aucun* Chagrin *ne ressemble à un autre.*

VOIR AUSSI :
CHARGE FISCALE (28) CRISE DE LA QUARANTAINE (38)
DÉPRESSION (42) DIVORCE (48) ENGAGEMENT (52)
LIBERTÉ (88) RÉSIGNATION (112) SENS, QUÊTE DE (124)

## *CHARGE FISCALE*

Sans vouloir trop insister là-dessus, M. et Mme Contributeur de première de l'Organisation mondiale des parlementaires contre la corruption, le secteur privé ne paiera pas l'addition quand, à la suite d'un accident horrible et après trois mois d'hospitalisation, les factures médicales de votre fils dépasseront le million de dollars. Mais, cela étant, il aura engagé le médecin qui maniera le scalpel pour les greffes de peau, alors peut-être qu'il n'y a rien à dire en fin de compte. Et pensez à tous les magazines que vous lirez dans la salle d'attente ! À la charmante efflorescence des conglomérats médiatiques ! Pensez aux progrès dans la conception des fauteuils dictée par le marché ! Aux publicités diffusées à la télévision posée dans le coin ! Maintenant, tout bien considéré, n'êtes-vous pas plutôt confiant à l'égard du secteur privé ?

09 *Bien que souvent associé à* Liberté, *ce parasite domestique existe toujours en symbiose avec* Crédit immobilier. *Il s'observe partout où* Matériel *est en quantité insuffisante.*

VOIR AUSSI :
CHIMIE (30) HIÉRARCHIE (68) RÉSIGNATION (112)

## *CHIMIE*

Sucre. Saccharine. Caféine pour commencer la journée. Pour décompresser, alcool : une bière ou deux, un verre de vin. Sherry, gin ou dry martini, assis au bord de la piscine, un verre ou une bouteille. Et ensuite Tylenol. Ou, pour les maux de tête, Ibuprofène. Pour l'asthme, albutérol. Rhumes, éternuements, écoulement post-nasal : Robitussin, NyQuil, Dimetapp. Le panthéon des marques pharmaceutiques, poètes d'une langue morte : Valium, Lithium, Xanax, et Zoloft, Paxil et Prozac. Allegra, Viagra, Loratadine, Clarinol, Retsin et Ritaline. L'étagère dans la pharmacie, bourrée de Eli Lilly, GlaxoSmithKline, AstraZeneca. Les horizons qu'ouvrent les produits à sniffer : essence, siphons à chantilly, marqueurs indélébiles, colle pour maquettes, agent propulseur pour aérographe. Et ensuite la nicotine. La marijuana. Le hachisch. L'opium. Le nitrite d'amyle. L'acide lysergique diéthylamide. La psilocybine. La mescaline. Les méthamphétamines et les amphétamines. La cocaïne pour supprimer la douleur. Aucune différence avec un cachet de codéine. Aucune différence avec le Demerol ou l'OxyContin. L'aspirine pour bébé que les médecins prescrivent le plus communément. La péridurale, même avant la naissance.

10 Chimie *est un ordre du phylum* Divertissement.

VOIR AUSSI :
ÂGE ADULTE (14) ANGOISSE (22) DÉPRESSION (42)
ÉCLAIR DE LUCIDITÉ (50) ENNUI (54) HABITUDES, MAUVAISES (64)
INCERTITUDE (70) SECRET (120) SENS, QUÊTE DE (124)
SÉPARATIONS, AMIABLES ET CONFLICTUELLES (126)

## *COLÈRE*

Obscurément, je le savais, c'était ma faute. Si je n'avais pas dit à Lacey ce qu'on m'avait dit à propos de Gabe, ils ne se seraient pas disputés. S'ils ne s'étaient pas disputés, il n'aurait pas quitté sa chambre en courant, en passant devant la mienne où j'étais défoncé, lumières éteintes, en faisant semblant de ne pas exister. C'était comme si toutes les salades que j'avais racontées au psy après la mort de mon père devenaient brusquement et étrangement vraies. Bien sûr, je n'en ai pas eu conscience tout de suite. C'est venu plus tard, la veille du nouvel an, quand j'ai fait pleurer ma mère en lui disant que si elle continuait à nous servir de la dinde, à nous bourrer de jambon, à nous clouer le bec avec du rosbif, nous finirions tous comme mon père. Après ça, en marchant dans les rues glacées du quartier, j'ai su que la culpabilité allait me dévorer tout cru, et de l'intérieur. J'ai su, tout à coup, que ça ne s'arrêterait jamais tant que je resterais sur cette île où j'avais forgé mon destin.

11 *Ramification du phylum* Rébellion, *cette espèce naine s'observe souvent dans le cadre domestique, mais il lui est difficile de subsister en milieu sauvage.*

VOIR AUSSI :
ALLEZ SAVOIR (16) AMI DE LA FAMILLE (18)
DÉPRESSION (42) FIDÉLITÉ (58) INNÉ *VS* ACQUIS (74)
RECONNAISSANCE (110) RUMEUR (116)

## *CONSENSUS*

Là-dessus, tout le monde sera d'accord, songeait Marnie: personne n'avait vu venir le divorce des Hungate. Bien sûr, elle savait par sa fille que Jack et Elizabeth se heurtaient à quelques difficultés, mais quel couple échappait à cela ? Dieu sait que Frank pouvait parfois passer des mois sans la toucher, travailler tard et souvent s'enfermer dans son bureau avec son *Wall Street Journal* sans même chercher à savoir si les autres avaient passé une bonne journée. Mais alors Marnie se rassurait en pensant à la famille Hungate. Dans les replis intimes de son esprit, elle voyait en eux les derniers spécimens d'une race en voie d'extinction, la Grande Famille américaine. Elle s'était réellement demandé: Que ferait La Femme Parfaite à ma place ? Que ferait Elizabeth ? Il lui était même arrivé d'éprouver un peu de jalousie à l'égard de sa voisine svelte et blonde dotée d'un mari intelligent, d'un fils populaire, d'une fille encore petite et d'une grande piscine en forme de haricot. C'est d'ailleurs autour de cette piscine, le premier jour de soleil après la mort de Frank, que Marnie s'était surprise à lorgner un couteau tandis qu'Elizabeth paressait là en maillot deux-pièces sans vraiment prêter l'oreille aux réponses à ses questions. Mais Marnie savait déjà, depuis des années, comment sourire et encaisser, et elle s'était rappelé qu'il y en a qui ont toutes les chances. On ne pouvait incriminer personne, simplement c'était comme ça. Et donc quel choc quand Lacey, quelques semaines plus tard, avait annoncé au petit déjeuner que les parents de Gabe se séparaient. Les participants au barbecue des Amis de la Bibliothèque n'avaient pu se mettre d'accord sur une explication. Certains insinuaient que Jack avait une liaison, mais personnellement Marnie n'y croyait pas. Jack avait toujours été un type loyal et elle ne supportait pas les ragots. Néanmoins, elle ne pouvait s'empêcher d'avoir envie d'en savoir davantage sur le divorce, et dès qu'on abordait le sujet elle ressentait un imperceptible frisson, une sorte de gratitude dont, sans faute, elle se confessait le dimanche.

12 *La vie d'un* Consensus *est fugace; en un seul jour, il éclôt, s'accouple, se reproduit et meurt.*

VOIR AUSSI :
COLÈRE (32) DIVORCE (48) FOYER (60)
LUTTE POUR LA GARDE (90) MATURITÉ (94)
OPTIMISME (98) RÉCONCILIATION (108)

## *CRÉDIT IMMOBILIER*

Jack n'est pas retourné travailler depuis la séparation. « En arrêt », disent-il au bureau. Il a annulé tous ses rendez-vous une heure avant qu'Elizabeth ait fait asseoir les enfants pour leur dire, et ensuite c'était le week-end. Lundi, il s'est réveillé dans une chambre d'hôtel, et, pour la première fois depuis l'examen du barreau new-yorkais, il s'est fait porter malade. Mardi, après une matinée à lire et à relire des dossiers, en s'efforçant de donner un sens aux mots, il a réuni les associés seniors afin de leur annoncer sa décision. Naturellement, ont-ils souligné, avec ses biens divisés par deux et des dettes considérables, c'était soit le travail acharné, soit la pauvreté. Pour le moment, il préfère la pauvreté – c'est pourquoi sa nouvelle maison ne fait que quatre-vingt-cinq mètres carrés. À présent, il y passe ses journées à regarder la télévision, à ranger de façon obsessionnelle, à jardiner et à fabriquer des meubles.

13 *De nombreux futurs propriétaires choisissent d'adopter cet animal rétif comme première étape vers l'acclimatation de* Sécurité.

VOIR AUSSI :
DISCRÉTION (44) FOYER (60) LIBERTÉ (88)
LUTTE POUR LA GARDE (90) MATÉRIEL (92) RÉCONCILIATION (108)
SACRIFICE (118) TRADITION (130)

## *CRISE DE LA QUARANTAINE*

Un de ces barbecues vers la fin de l'été. Une saison où les jours raccourcissent, où rôde le spectre de l'école, mettant les enfants au défi de lui donner un nom, une réalité. Une saison où les lanternes japonaises sont de nouveau de rigueur. Où si, comme Elizabeth Hungate dans une de ces fièvres de changement soudaines et malavisées, vous avez demandé à votre fils de sortir la caisse de lanternes japonaises du garage et de la poser sur le trottoir, vous vous en mordez les doigts : vous auriez dû savoir que vous seriez obligée d'en racheter. Après tout, c'est toujours un éternel recommencement. N'avez-vous pas déjà assisté à cette scène : le balancement des petites lanternes à la surface agitée de la piscine ? Le bourdonnement du climatiseur sur le flanc de la maison ? L'aboi du chien des voisins ? Les transats regroupés par les adultes et qu'ils ont abandonnés comme des jouets sur la pelouse pendant que Jack fait griller les hamburgers, que Marnie s'assure que tout se passe bien entre Tommy et Gabe, et que Frank rentre à l'intérieur préparer d'autres cocktails ? Elizabeth a déjà vécu cela. En revenant de la salle de bains elle s'est arrêtée devant la porte coulissante, assez près pour sentir la fraîcheur qu'elle dispense. Les lucioles sont de sortie. Gabe flotte, nonchalant, dans la piscine, entièrement habillé, le short gonflé par une bulle d'air. Il adresse un geste obscène à Lacey qui vient de le pousser dedans. Lacey, Elizabeth ne sait rien d'elle, mais elle devine sous les taquineries impitoyables de son fils que celui-ci est déjà à moitié amoureux de la fille, et elle en ressent une douleur aiguë qui manque lui couper le souffle. Une autre douleur : elle a beau le nier, elle sent la présence de Frank derrière elle. Elle voudrait pouvoir se fondre dans le verre, devenir transparente à son tour, une chose que les gens ne remarqueront qu'incidemment. Elle veut dire à Gabe de ne jamais tomber amoureux. Mais elle ne le fera pas. Et puis : il lui faut toujours apprendre à la dure.

*Une* Maturité *de type erratique caractérise la* Crise de la quarantaine*: elle peut conserver une taille raisonnable pendant plusieurs années et, en quelques jours tumultueux, atteindre son plein développement.*

---

VOIR AUSSI:
ÂGE ADULTE (14) ATTRACTION (24) DISCRÉTION (44)
DIVORCE (48) INNÉ *VS* ACQUIS (74)
INSTINCT MATERNEL (78) INTÉGRITÉ (80)
SÉPARATIONS, AMIABLES ET CONFLICTUELLES (126)
VALEURS FAMILIALES (132) VULNÉRABILITÉ (136)

---

## *CULPABILITÉ*

«Oh, vous savez... D'à peu près aussi loin qu'il m'en souvienne.» Et jusqu'où pouvez-vous remonter ? «Avec vous autres, tout est une question, n'est-ce pas ?» Cela vous met-il mal à l'aise ? «Non, non. C'est juste...» Il rit, pas de façon très convaincante. «Très bien, vous voulez une histoire, en voici une. Nous étions tous en sortie scolaire à la patinoire. Galaxie des Sports, ça s'appelait. Gabe et Lacey étaient en CE2, je devais être en CE1, peut-être même au cours préparatoire. Il y avait cette fille dont j'étais dingue, avec ce nœud dans les cheveux et ces boucles qui suppliaient qu'on tire dessus. Jenny. Jenny Lehotsky. Pourquoi me regardez-vous comme ça ?» Je ne vous regarde d'aucune façon, Thomas, continuez. «Eh bien, j'ai pensé que peut-être Jenny et moi pourrions patiner ensemble, peut-être nous tenir la main. Parce que Gabe et ma sœur faisaient déjà des figures de concours olympique au milieu de la patinoire, mais cette fille avait peur, ou je ne sais quoi. Elle a passé, je ne sais pas... une heure à traîner devant la buvette. Et puis elle a pris de l'argent dans sa poche et elle s'est mise à tout dépenser. Ils vendaient ces confiseries, ces sucres d'orge en spirales citron et citron vert, caramel et crème, et quand elle s'est retournée les mains pleines je jure que c'était la plus belle chose que j'aie jamais vue. Elle commence à distribuer les sucres d'orge à ses camarades, lesquels ôtent le papier et les mangent avec une lenteur insoutenable, en faisant ces bruits de plaisir. Miam. Glurp. Mmm. Mon père, bien entendu, avait décidé qu'il allongeait déjà cinq dollars pour louer ces foutus patins, et que non, je ne pouvais pas avoir de l'argent pour des bonbons. Alors, naturellement, je demande à ma bien-aimée, tu sais, tu as, quoi, cinquante sucres d'orge, est-ce que je peux en avoir un ? Tu peux te brosser, répond-elle. Et je la vois mettre le reste dans le casier avec ses chaussures. Alors je fais quoi, quand elle s'en va patiner avec ses camarades et laisse le casier ouvert ? Coupable, Votre honneur. J'ai volé un sucre d'orge au caramel et je me suis caché derrière le jeu de Tape-Taupe pour le manger. Mais voici le détail intéressant : impossible. J'ai mordu dedans et aussitôt j'ai vu le visage de mon père, mon père agenouillé pour recevoir la communion, et cet air de pourquoi-moi-Seigneur qu'il avait, et le sucre d'orge dans ma bouche a eu un goût de cendre. Je suis allé me dénoncer à la maîtresse en lui demandant de me punir. Elle a sans doute trouvé ça tordant, ce petit môme en quête d'absolution pour avoir volé l'équivalent de deux cents de sucreries qu'on aurait dû peut-être lui donner de toute façon. Mais elle s'est mordu la langue et m'a dit d'aller trouver ma victime et de tout lui avouer. Et c'est la dernière fois que j'ai volé quoi que ce soit. Et bien sûr la dernière fois que Michelle m'a adressé la parole.» Jenny ? «C'est ça, Jenny.»

15 *Les spécialistes de la Famille s'entendent généralement pour dire que* Culpabilité *est essentielle à la santé de l'écosystème. Une récente variation du génome tend cependant à fragiliser la transmission parent-progéniture.*

VOIR AUSSI :
COLÈRE (32) HIÉRARCHIE (68)
MATÉRIEL (92) MATURITÉ (94)
RECONNAISSANCE (110)
SENS, QUÊTE DE (124)
VALEURS FAMILIALES (132)

## *DÉPRESSION*

Flocons d'avoine instantanés au petit déjeuner. En hiver, c'était toujours flocons d'avoine instantanés. Je m'étais lassé des goûts disponibles : Érable et Cassonade, Pommes et Cannelle, Raisins secs et Épices. Une fois, il y avait eu Cannelle et Épices, mais maintenant il fallait personnaliser les flocons d'avoine en ôtant tous les raisins, en les poussant d'un côté du bol. Je me servais du côté convexe de la cuillère pour dessiner des petits sillons à la surface des flocons d'avoine et les regarder se remplir de lait. « T'as pas faim, Tommy ? » voulait savoir ma mère. Elle préparait les sandwichs pour le déjeuner derrière l'îlot de cuisine. Je lui ai répondu que j'avais mal au ventre, ce qui était un peu vrai dans le sens où j'aurais mal au ventre quand j'arriverais à l'école si je ne mangeais pas quelque chose. « Tu as l'air fatigué », a-t-elle dit. Le lait ne remplissait pas les sillons assez vite. J'ai creusé des entailles profondes du bout de la cuillère. J'ai poussé les raisins à l'intérieur et je les ai recouverts. Je lui ai dit que j'étais resté tard à faire mes devoirs. En réalité, j'étais resté sous les couvertures, nu et défoncé, à écouter les bruits qui signifiaient que ma sœur et Gabe faisaient frotti-fotta au lieu de réviser dans la chambre à côté, ou plutôt l'absence de bruits, le silence qui suintait du placoplâtre et de l'oreiller. À me demander si Gabe avait ressenti les mêmes effets quand il se droguait. Il m'arrivait à l'école de raconter des choses sans doute un peu exagérées pour me rendre plus intéressant, mais avec ma mère je m'efforçais d'ordinaire d'être sincère. C'était juste que depuis le départ de mon père il y avait des choses que je ne pouvais pas lui dire. Je ne pouvais pas lui dire, par exemple, que la moitié des copains de l'année dernière avait cru que j'inventais à propos de Papa, jusqu'à ce que Lacey confirme la raison pour laquelle j'avais manqué une semaine. Je ne pouvais pas lui dire que je n'arrivais plus à dormir à moins de me masturber avant. Et je ne pouvais pas lui dire que ce putain de petit déjeuner me donnait la gerbe. Je faisais semblant de prendre une ou deux bouchées et, dès qu'elle avait le dos tourné, je me levais et je jetais le contenu du bol dans la poubelle. J'attrapais mon sac à dos plein de CD et de calculettes graphiques volés, et je lui donnais un baiser sur la joue avant de sortir, l'air dégagé, en m'efforçant de donner l'impression qu'aujourd'hui, comme tous les autres jours, me réservait quelque perspective réjouissante.

*Issue d'une espèce ruminante connue sous le nom de «Mélancolie»,* Dépression *domine aujourd'hui le règne animal. Sa croissance rapide demeure inexpliquée, mais chez certains explorateurs de la Famille on pointe une augmentation parallèle de Quête de* Sens.

VOIR AUSSI :
ADOLESCENCE (12) ÂGE ADULTE (14)

## *DISCRÉTION*

Elle refusait toujours de dire son nom, et Jack se demandait à certains moments si le fait de connaître son identité pouvait améliorer ou aggraver les choses – les après-midi de ce premier automne passés assis sur la véranda de derrière avec une bière et une cigarette, prêt à cacher celle-ci au premier bruit d'une voiture tournant dans l'allée. Les fausses alertes étaient constantes. Il écrasait sa clope à moitié fumée pour finalement se rendre compte, à cause du silence dans la maison derrière lui, que la plainte du moteur n'annonçait que l'arrivée d'un de ses nouveaux voisins, pas celle de son fils. En septembre, pour ses dix-sept ans, il avait offert à Gabe une Geo d'occasion, à l'époque où Elizabeth et lui hésitaient encore à se séparer, telles les deux dernières feuilles attachées à une branche (comme s'il ne restait plus rien à faire qu'à céder à la pesanteur). À présent, il se demandait si ce n'était pas pour cette raison, un sens obscur du devoir, que Gabe revenait. Certes, Jackie avait ajouté la voiture à la liste déjà impressionnante de preuves que son père préférait son aîné. Avec ce parfum de tabac qui flottait autour de Gabe quand il rentrait de l'école l'après-midi, Frank n'avait plus aucun doute que son fils aussi fumait en secret. Mais que pouvait-il dire ? Et puis, grâce à ça, il se sentait presque plus proche de son garçon. Et peut-être Gabe traversait-il la ville si souvent (bien plus que ne le stipulait l'autorisation de garde) rien que pour rester seul dans la voiture où il pouvait fumer à huis clos. Jackie ne venait plus. C'était une façon comme tant d'autres, pour elle et son frère, de se désolidariser. Jack scruta le nouveau jardin. Pourquoi ne pas construire un mur sur lequel Gabe pourrait peindre, comme Elizabeth, semblait-il, avait fait ? Bordé par les conifères sur les côtés du jardin, le ciel était gris, et ça durait depuis des semaines. L'herbe devenait friable. Le vent, dont les bourrasques agitaient les carillons éoliens, était différent de ce qu'il était sur la baie. Devant l'ancienne maison, il n'aurait pas réussi à allumer sa cigarette. Il décida qu'il aurait été soulagé de savoir que c'était Martin Luther King et accablé de savoir que c'était Jack Kennedy. Mieux valait Eric Clapton que Peter Frampton. Mieux valait savoir que c'était terminé que savoir que ça continuait. Mieux valait savoir que c'était un parfait inconnu. Autrement, mieux valait rester dans l'ignorance.

17 NB: Discrétion *et* Vie privée *ne sont pas les mêmes spécimens.*

VOIR AUSSI:
ÂGE ADULTE (14) HABITUDES, MAUVAISES (64)
INTÉGRITÉ (80) QUESTIONS, LANCINANTES (104)
RUMEUR (116) SECRET (120)

## *DIVERTISSEMENT*

Au commencement était la Télévision. Et la Télévision était grande et moulée dans du plastique imitant le bois. Elle occupait un coin sombre du salon et s'allumait pour les actualités nationales, *Cosby*, les dessins animés du samedi et le football. Un homme et une femme se serraient sur le canapé ou s'étendaient sur le tapis, et cela était bon. Quand l'homme trouvait une compagne, ils achetaient un magnétoscope, et peu de temps après une autre Télévision, et ils se mettaient à regarder des vidéos ensemble dans l'obscurité. Et il y avait du pop-corn. La cinquième année, l'entreprise de distribution par câble créa le bouquet de chaînes premium. Et il était dans leurs moyens. Et la femme avait été promue au bureau du maire et ils se dirent donc pourquoi pas. Après des journées de labeur, s'asseoir et manger devant la Télévision, sans être obligé de trouver quelque chose à dire, c'était pour l'homme et la femme une sorte de paradis. Et puis Nintendo dit : Que Duck Hunt soit. Que les Frères Mario soient. Que Nintendo 64 et GameCube soient. Et les enfants virent que cela était bon, même si regarder la télé et jouer en même temps était impossible. C'est ainsi que fut achetée une Télévision pour les enfants, à qui fut donnée sa propre chambre. Et c'est ainsi que fut créé le sous-sol aménagé, qui devint le refuge de la fille et du fils quand le silence là-haut s'interrompait et que les querelles commençaient. Alors qu'auparavant ils se chamaillaient pour le contrôle de la télécommande, ils occupaient désormais la pièce seuls, chacun leur tour, en montant le son pour couvrir les voix qui leur parvenaient à travers le parquet. Et, hormis la lueur bleue de l'écran, l'obscurité régnait sur le visage des enfants.

18 *Avec son taux de mutation rapide,* Divertissement *s'adapte aux changements dans l'environnement. Facile à domestiquer, il est bien accueilli dans la plupart des Foyers américains.*

VOIR AUSSI :
ALLEZ SAVOIR (16) CHIMIE (30) ENNUI (54)
HABITUDES, MAUVAISES (64) IRONIE (84) MATÉRIEL (92)
RIVALITÉ ENTRE FRÈRES ET SŒURS (114) VIE PRIVÉE (134)

# *DIVORCE*

Il le savait, ah, il le savait, il l'avait vu venir, il n'arrêtait pas de lui demander, pendant qu'elle jardinait, pendant qu'elle vidait le lave-vaisselle, pendant qu'elle relisait la liste des plats à emporter, incapable de décider ce qu'elle voulait, es-tu heureuse, Maman, es-tu heureuse, tout en sachant, en un sens, qu'elle ne l'était pas, et non, le fait de savoir n'arrangeait rien car, ce qu'il savait aussi, comme il savait que c'était lui dans la glace, c'est que c'était sa faute, parce que Maman elle faisait quoi, assise dans le coin du salon, les écouteurs sur les oreilles tous les soirs de cette semaine-là, sinon prendre exemple sur son fils... sinon, elle-même, chercher à s'isoler ? Il entendait de la musique folk dégouliner des écouteurs comme de l'eau au-dessus d'un bol. Il avait presque été tenté de fouiller dans son tiroir de lingerie pour voir si, elle aussi, en cachait. À ce moment-là, Papa, sur le canapé à côté d'un classeur accordéon, lui avait posé une question qu'elle, à cause des écouteurs, ne pouvait pas entendre, et l'avait posée de nouveau, plus fort. Et alors les deux voix s'étaient élevées, comme Gabe s'y attendait – il était arrivé quelque chose, comme il s'y attendait – et il était descendu au sous-sol sans allumer la lumière, il avait pris les deux derniers comprimés sous blister dans sa poche, il les avait avalés sans eau et il s'était mis à genoux au milieu du tapis en jurant que ce serait la dernière fois, mais, ah, il le savait, il était coupable, il était coupable en fin de compte.

19 *À la faveur d'une courbe de croissance comparable à celle de* Dépression, *une dense population de* Divorce *se généralise partout où* Amour *s'établit en grand nombre.*

VOIR AUSSI :
ÂGE ADULTE (14) CHAGRIN (26) ENGAGEMENT (52)
INFIDÉLITÉ (72) LIBERTÉ (88) LUTTE POUR LA GARDE (90)
SÉPARATIONS, AMIABLES ET CONFLICTUELLES (126)

## ÉCLAIR DE LUCIDITÉ

**Mais qu'avons-nous fait de nos vies, putain ?**

VOIR AUSSI :
INNOCENCE (76) RÉSIGNATION (112)

# *ENGAGEMENT*

D'abord la dame noire à l'accueil a dit que les heures des visites étaient terminées. Je comprenais sa position – elle risquait d'être renvoyée pour non-respect du règlement hospitalier –, et j'ai donc continué à sourire, je ne voulais pas qu'elle ait mauvaise conscience parce que après tout elle ne faisait que son travail. Mais, comme disait mon père quand il vivait encore, on peut lire sur mon visage comme dans un livre ouvert et, au bout de quelques secondes, elle a poussé un soupir : « Bon. Dis-moi ce qui se passe. » Elle gardait une attitude professionnelle, mais il y avait de la bonté dans son regard, je l'ai remarqué. Alors tout est sorti, le spectacle de majorettes, Tommy en retard avec la voiture, et que ce serait très difficile pour moi de traverser la ville pour arriver à l'hôpital vers huit heures le mardi et le jeudi pour voir mon petit ami, le patient. Elle a demandé son nom et je lui ai dit, Hungate, Gabriel. Gabriel. Elle a trouvé sa fiche et l'a examinée une minute. « Comme l'archange », ai-je dit. Et puis elle m'a expliqué qu'elle était de garde les nuits de semaine et que tant que je n'en parlais à personne, elle m'emmènerait le voir chaque fois que je pourrais venir. C'est comme ça que j'ai commencé à venir toutes les nuits dans le service des grands brûlés. C'était plutôt sympa, en fait, une fois tous les visiteurs partis, y compris sa famille, et on a pu rester seuls, rien que lui et moi. J'ai pu lui parler, lui faire la lecture et parfois rester simplement assise en silence, ma main posée sur la sienne, celle qui n'avait pas de pansement, en m'efforçant de le sentir qui me parlait à travers sa peau. Je pouvais pleurer, personne ne s'en apercevait. Une autre chose que mon père m'a dite : j'étais bénie des dieux, tout me réussissait toujours. Sa voix était brouillée à ce moment-là ; la connexion devait être mauvaise. Et le matin de Noël, j'ai décidé de préparer des biscuits. Il avait commencé à neiger quand je suis allée à l'hôpital pour les déposer à l'accueil à l'intention de l'infirmière qui avait contourné le règlement pour moi. Finalement, elle était en vacances. Mais je les ai laissés quand même pour celle qui devait travailler cette nuit-là.

21 *Encore aujourd'hui, cet ancêtre de* Fidélité *peut, en de rares occasions, s'observer à l'état sauvage.*

VOIR AUSSI :
ATTRACTION (24) INTÉGRITÉ (80)
TENDRESSE (128) VIE PRIVÉE (134)

# *ENNUI*

Une caméra vidéo portable à la main, Jackie parcourt le terrain du bas presque désert, traque les électrons dans l'air gris et maussade, dans un brouillard si fin qu'il pourrait être le fruit de son imagination. Un flot de feux stop coule au-delà de la clôture à mailles de chaîne. Plus loin, sur l'autre terrain, l'équipe de football universitaire est à l'entraînement et les cris de guerre des adolescents trouent le silence pressurisé. Un envol d'oiseaux gris-blanc quitte la haie séparant les deux terrains. Elle se lance à leur poursuite, sa queue-de-cheval secouée dans tous les sens, sa jupe et son tee-shirt bien trop légers pour le froid. Elle raconte : « Aujourd'hui, j'ai perdu une dent. » Elle filme les oiseaux qui tournoient dans les airs en fractale étourdissante et dont les couleurs passent du clair au sombre. Ils virent au-dessus d'une piscine bâchée en prévision de l'hiver et deviennent de minuscules points à l'horizon. « Ils s'enfuient. Ils ne m'aiment pas », dit Jackie. Les arbres se débandent dans l'objectif quand elle galope loin des buissons. « L'herbe est marron. » Elle aperçoit une flaque de boue. « Ça, ça vient des camions qui traversent le terrain pour faire leurs livraisons. » Elle se couche maintenant dans l'herbe sèche et tourne la caméra vers son visage. « C'est comme ça quand on est un insecte. Pas très excitant. » Elle retourne la caméra et place son lion en peluche devant l'objectif. Il tombe. Elle tend le bras pour le redresser, mais il retombe. En arrière-plan, un bac à sable vide. « Il s'appelle Alphonse, dit-elle. Dis bonjour, Alphonse. Bonjour ! Derrière lui, vous voyez le bac à sable où je suis venue jouer aujourd'hui à midi. J'ai construit un château. Demain, je jouerai au ballon. C'était mon journal vidéo de la journée. Fin. » Un bruit blanc bourdonne dans le micro, et la caméra continue à tourner, filmant le bac à sable et la procession floue des feux stop loin derrière le lion tombé dont la crinière se couvre de fines gouttes de pluie. La voix off revient. « Oh, et aussi, aujourd'hui mes parents ont divorcé. Fin. » La prise de vues s'arrête brutalement.

22 *Jadis considéré comme inexistant là où* Divertissement *était endémique, l'existence de ce parasite inoffensif est signalée aujourd'hui, avec plus ou moins d'ampleur, dans tout écosystème.*

VOIR AUSSI :
ALLEZ SAVOIR (16) ANGOISSE (22) DÉPRESSION (42)
INNOCENCE (76) MATURITÉ (94) MYTHOLOGIE (96) RÉSIGNATION (112)
RIVALITÉ ENTRE FRÈRES ET SŒURS (114)

## *FÊTE*

Maintenant on coupe en deux, en plein milieu, pour que les enfants puissent, par exemple, être avec Jack le jour de Noël jusqu'à midi, et ensuite avec moi pour le carré de bœuf et le soir suivant. Gabe ne va pas tarder à aller à la fac, puis ce sera au tour de Jackie, et ça ne vaut plus vraiment la peine d'acheter un grand sapin. Il faut dire que c'était plutôt le truc de Jack. Tant qu'à faire, puisqu'on paie pour avoir des plafonds hauts, tel était son raisonnement. Tous les ans, Gabe et lui rentraient de leur expédition avec un arbre plus grand que le précédent. Il fallait nous y mettre tous les trois rien que pour lui faire passer la porte. Et pourtant, je l'avoue, avec toutes les guirlandes et les millions de décorations de Noël que la mère de Jack avait piochées dans sa propre réserve, il était magnifique. Certains soirs, quand les enfants étaient couchés, lui et moi nous installions sur le canapé pour le contempler. Je me rappelle la façon dont la grande fenêtre du fond reflétait les lumières, galaxie multicolore dans un ciel de velours noir. Le dixième Noël après notre déménagement, quand l'arbre était encore de dimensions modestes, nous étions allongés pour faire une pause avant de sortir les cadeaux. En regardant le sapin, l'étoile toute pailletée que nous venions juste de placer au sommet, je me sentais encore lourde après ma grossesse, mais ça ne semblait pas avoir d'importance pour Jack. Ses mains avaient commencé à explorer la peau entre nombril et élastique lorsque Gabe est apparu sur le seuil, en larmes. Il devait avoir dans les sept ans. Jackie commençait à faire ses nuits. En lui demandant ce qui n'allait pas, je m'attendais à ce qu'il dise qu'il avait fait un cauchemar, qu'il voulait qu'on allume la lumière. Mais il a réussi à expliquer, entre deux hoquets, qu'il pensait aux jouets que nous lui avions donnés et qu'il avait abandonnés après avoir joué avec eux pendant une semaine ou deux. Il pensait qu'ils étaient tout seuls, rangés là-haut dans le placard, que nous devions être déçus, et qu'il devait y avoir des gosses en Afrique qui n'avaient pas de jouets. Je lui ai répondu que ce n'était pas grave, que nous allions faire don des vieux jouets à des enfants d'ici, à Long Island, qui les aimeraient sûrement. J'avais du mal à me contenir, mais je lui ai dit de retourner se coucher, que le Père Noël ne tarderait pas. Et dès qu'il est parti je me suis retrouvée en larmes, moi aussi. Il était comme ça, un drôle d'enfant.

23 *La* Fête *peut s'observer au moins huit fois par an. Créature paisible, elle abhorre les dissensions; toute forme de conflit à l'intérieur de la meute est résolue au moyen de communications à haute fréquence inaudibles pour l'oreille humaine.*

VOIR AUSSI :
CHARGE FISCALE (28) ÉCLAIR DE LUCIDITÉ (50)
ENGAGEMENT (52) INSTINCT MATERNEL (78) JEUNE (86)
LUTTE POUR LA GARDE (90) SÉCURITÉ (122)

# *FIDÉLITÉ*

Et cette fois-là ? La fois où on savait très bien mais où on a eu peur de te dire que ton petit copain, là, fricotait avec ton ancienne soi-disant meilleure amie Michelle, qui, on sera tous d'accord maintenant, est une vraie salope et qui, c'est ce qu'on pense tous parfois, aurait fait un couple de folie avec Gabe, dans le sens où elle est tellement égoïste et space, si ce qui est arrivé n'était pas arrivé, et il devait sûrement lui tatouer des cygnes sur les bras au stylo ou quelque chose, comme quand il a réussi à te séduire ? Tout ce temps-là, si tu étais seulement venue te confier à nous, nous aurions su que tu n'aurais pas été complètement anéantie en apprenant la vérité. Parce que, tu vois, on veillait toujours sur toi, fillette, c'est ce qu'on fait quand on aime quelqu'un. Quand, par exemple, il a été brûlé au troisième degré sur quatre-vingts pour cent du corps. Parce que, après ça, cette pouffiasse s'en est lavé les mains, mais toi tu as été capable de pardonner, peut-être parce qu'il valait mieux que ce qu'on pensait, mais peut-être plutôt parce que tu es incapable de la moindre cruauté.

Fidélité *est un parent moins connu d'*Infidélité, *plus répandue.*

VOIR AUSSI :
ATTRACTION (24) DIVORCE (48) ENGAGEMENT (52)
HABITUDES, BONNES (62) INNÉ *VS* ACQUIS (74)
INTÉGRITÉ (80) SECRET (120) VIE PRIVÉE (134)

## *FOYER*

Ils étaient venus à Long Island en quête de lumière. Pas le genre de lumière qui s'écoulait comme de l'eau entre les doigts d'un horizon de gratte-ciel. Celle qui s'étalait comme du beurre sur une vaste étendue de gazon. Ils étaient venus à Long Island pour la tranquillité relative, le murmure apaisant des insectes en été et le fracas glacé des vagues en hiver. Ils étaient venus pour le spectacle des vagues, pour l'immense baie vitrée du salon qui donnait sur la piscine, les arbres, le jardin, la digue. Ils étaient venus pour la communauté, les voisins, les écoles. Tout ce qu'il en coûtait, c'étaient un crédit immobilier sur trente ans, des cotisations au club de golf, des green-fees et les billets de train pour aller en ville cinq jours par semaine. Il y avait eu de bonnes années dans ces maisons et ces jardins. Il y avait eu des parties de basket dans les allées, avec les mômes. Il y avait eu des fêtes. Il y avait eu des Halloweens et des Thanksgivings. Et si, après le passage à l'heure d'hiver, ils rentraient bien après la tombée du soir ; et si, peu à peu, les enfants s'étaient mués en étrangers ; et si, quand ils avaient éteint la lumière, ils ne s'endormaient qu'épuisés... eh bien, en quoi était-ce différent de ce qu'avaient fait leurs parents, à la poursuite de leurs propres rêves d'Amérique ?

25 *Jadis très précisément circonscrit à ses* Habitudes, *le* Foyer, *au siècle dernier, est devenu toujours plus nomade. On sait depuis longtemps qu'il peut franchir de grandes distances afin de s'assurer une source de ces* Crédits immobiliers *grâce auxquels il subsiste.*

VOIR AUSSI :
ALLEZ SAVOIR (16) DISCRÉTION (44) HIÉRARCHIE (68)
INNÉ *VS* ACQUIS (74) MYTHOLOGIE (96) OPTIMISME (98)
RÉBELLION (106)

# *HABITUDES, BONNES*

Une bonne habitude, ça n'existe pas.

*Pour identifier toutes les habitudes, voir* Habitudes, mauvaises.

## *HABITUDES, MAUVAISES*

Ce sont les premières choses que vous pourrez observer dès le matin, comme la rosée sur l'herbe, et les dernières, le soir, dans les espaces où les détecteurs de mouvements ne les captent pas. Elles pensent ainsi être invisibles, dans l'ombre, mais en examinant les postures de ces formes voûtées sur les marches des perrons, aux fenêtres des salles de bains près du ventilateur, affalées dans des chaises longues dans le jardin derrière les maisons, vous reconnaîtrez les représentants au Congrès, les juges, les présidents d'associations de parents d'élèves, les piliers de la communauté, parfois même vos propres parents ou enfants – les fumeurs clandestins. Chaque cigarette est un point de couture qui assemble plus étroitement leurs vies : les cigarettes sur lesquelles Jack tire furtivement derrière le modeste chalet situé littéralement de l'autre côté des voies où se trouvait l'ancienne maison au bord de l'eau ; les cigarettes qui ont fait monter la tension artérielle de Frank, peu à peu, imperceptiblement ; les cigarettes que Gabe grille à la chaîne au cours de ses longues virées nocturnes en voiture pour aller là où il se perd ; celles dont Lacey remarque l'odeur dans son haleine et qui lui donne envie de lui demander de choisir, Philip Morris ou elle, alors qu'elle se penche pour demander un autre baiser.

*En fonction du génotype parental, le croisement entre une* Mauvaise habitude *et* Ennui *engendrera* Chimie *ou* Divertissement.

---

VOIR AUSSI :
HABITURES, BONNES (62)

---

# *HÉRITAGE*

Je n'avais pas du tout prévu ça, pas exactement. Parfois, l'été, ça se limitait à, quoi, rouler jusque là où les voies s'arrêtent, en pleine nuit, pour voir venir. Là-bas, les aires de parking s'étendaient sur plusieurs hectares. Vous pouviez fumer un gros pétard en regardant le ciel, les avions atterrissant à Islip, si vous étiez dans ce genre de disposition. Ou vous pouviez y aller avec des potes pour déconner. Je n'avais jamais agressé personne comme ça avant mais, je sais pas, un revolver a sa propre volonté. Comme dans *Le Seigneur des anneaux* ; comme s'il se servait de vous pour accomplir son destin. Ou je sais pas, peut-être que j'étais simplement défoncé. Le revolver appartenait à mon oncle, qui a déménagé dans le nord de l'État. Je l'avais emprunté à mon cousin parce que des mecs latinos me sont tombés dessus. Pour me défendre et tout ça. Je n'avais pas vraiment l'intention de m'en servir, je voulais juste l'avoir sur moi pour le montrer en cas de besoin. Et là, je suis assis, les yeux rouges, sur le capot de la voiture de mon pote dans un parking du comté de Suffolk et il me pousse du coude, t'as vu ça ? Et moi je regarde en direction de ces flaques de lumière vide et je vois cette longue silhouette fantomatique en train de marcher vers nous. Et mon pote : « T'as vu ? Il t'a fait un doigt d'honneur. » Je savais que c'était faux, mais le type marchait comme si l'île était son royaume et qu'il n'en avait rien à foutre. Et moi : « Je vais lui donner de quoi se frapper. » Je suis venu à sa hauteur et je lui ai demandé un dollar, genre pour un Coca. Il a poursuivi son chemin, de la peinture plein son pantalon, comme un pédé d'étudiant aux beaux-arts. Je lui fais, tu m'entends ? Et il répond juste : « Je t'ai entendu », mais bon, en regardant à gauche de ma tête, complètement stone. Alors moi, je lui fais, écoute ça, enculé. Je le sentais bien dans ma main, la crosse gaufrée, comme si toutes ces années de Duck Hunt puis de Bond m'avaient préparé à ça. Il devait avoir mon âge. C'était comme dans un film dont je ne sais plus le nom : tous les deux, même taille, même carrure, traversant nos existences différentes jusqu'à ce moment où nous nous mesurions du regard, de la tête aux pieds. Et, je vais vous dire, il a gagné. À cause de l'expression dans son regard, cette expression qui signifiait, vas-y, tue-moi. Tout est devenu réel. J'ai fait : « Putain », j'ai couru jusqu'à la voiture et on s'est cassés. Plus tard, j'ai essayé de mentir, genre j'ai pris son portefeuille, mais mon pote a demandé à le voir. Tout ce que j'avais à montrer, c'était huit dollars et le ticket de bus que j'avais sur moi quand on a pris la voiture pour venir ici.

27

*La réapparition d'*Héritage*, qui ne se produit qu'une fois par génération, ne doit pas échapper aux spécialistes de* Sens.

VOIR AUSSI :
ALLEZ SAVOIR (16) ANGOISSE (22) CHIMIE (30)
ENNUI (54) HIÉRARCHIE (68) INNÉ *VS* ACQUIS (74)
MYTHOLOGIE (96) RÉBELLION (106) TRADITION (130)

# *HIÉRARCHIE*

Il existait deux sortes de gens, se disait Tommy en passant devant les grandes maisons individuelles de style Cape Cod aux vérandas ornées de citrouilles extravagantes : les Eux et les Pas-Eux. Il avait compris très jeune ce qui les différenciait, dans les jardins et dans les parcs à jeux. Certains Pas-Eux, dotés d'un appareil sensoriel sophistiqué et invisible, étaient capables de savoir intuitivement à quel moment un jeu commençait, et de crier au monde « Pas-Eux ». Les autres apprenaient assez vite à suivre le mouvement dès que le cri « Pas-Eux » s'élevait, et de ce fait à échapper à la solitude. Les Pas-Eux dirigeaient le jeu. Les Pas-Eux établissaient les règles. En grandissant, les Pas-Eux finissaient par devenir propriétaires de ce genre de maisons devant lesquelles Tommy passait maintenant, vastes, indépendantes, peintes de telle sorte qu'elles donnaient l'impression d'avoir toujours été là, avec des citrouilles assez grosses pour nourrir des villages entiers du tiers-monde. On était à la mi-octobre et les rues, autour de l'école, étaient vides. Comme il avait séché la sixième heure, il était trop tôt pour le flot des Pas-Eux qui, à trois heures, allait se répandre sur les trottoirs. Quand le vent les soulevait, les feuilles faisaient un agréable bruit de raclement sur le ciment. Il descendit du trottoir pour donner un coup de pied dans un tas de feuilles. Tommy était entouré de Pas-Eux. Son père, par exemple. Et Gabe. Les premiers à crier, ceux qui avaient les plus beaux jouets. Sa sœur et Mme Hungate s'alignaient sur eux sans effort. Mais Tommy, par quelque caprice de la génétique, avait toujours été un Eux. Il en fallait un dans chaque groupe. Celui dont la voix de fausset traînait, seule, quand toutes les autres s'étaient tues : « Pas-Eux ! » Le seul qui restait en arrière quand les Pas-Eux partaient en courant. Il s'écarta de nouveau pour redonner un coup de pied dans un autre tas de feuilles, qui avaient certainement été ratissées par des ouvriers payés à la journée venus de Plainview, de Hicksville et du Queens pour entretenir les jardins. Il espérait mettre au jour un monde souterrain et fangeux de vers de terre et de créatures frétillantes, mais, manque de chance, il ne pleuvait pas depuis des semaines.

*Alors que les civilisations anciennes lui accordaient le pouvoir d'éloigner l'Anarchie et le Malheur* (cf. CLAN, COUR et CLOÎTRE : ALMANACH DE POCHE), Hiérarchie *est aujourd'hui vulnérable aux attaques des nombreux grands prédateurs qui traquent les Familles.*

---

VOIR AUSSI :
ÂGE ADULTE (14) CULPABILITÉ (40) DÉPRESSION (42)
ENGAGEMENT (52) INCERTITUDE (70)
SENS, QUÊTE DE (124)

---

## *INCERTITUDE*

À l'étage, la moquette du palier est d'un silence spectral sous mes souliers, comme si telle était sa fonction, ne pas faire de bruit. Ou peut-être suis-je encore défoncé, raison pour laquelle je n'entends pas le déplacement de mes pieds au-dessus du bla-bla-bla qui déborde de la télévision de la cuisine, au-dessus des aboiements du chien des voisins. La troisième porte à gauche est celle de la chambre où Gabe baise ou ne baise pas ma sœur. Je me le représente en train de tirer son coup, la tête de Lacey enfoncée dans les oreillers. Je me représente Michelle DuPlessis, sa bite dans la bouche. Je me vois en train de poser le canon du revolver sur la tempe de Gabe en lui disant, vas-y, essaie de mentir, fils de pute. Les spots sont là de toute éternité, ils attendaient le moment d'être aussi vides, cliniques, distants. La chambre de Lacey est silencieuse. Peut-être dorment-ils. Peut-être Gabe n'est-il même pas là. Peut-être elle non plus ; peut-être la chambre est-elle vide, et alors je vais en faire quoi de ce que j'ai surpris aujourd'hui ? Est-ce que je vais fermer ma grande gueule ? Il me suffit d'ouvrir la porte pour savoir.

29 *Espèce parmi les plus répandues du continent nord-américain,* Incertitude *se déplace infatigablement sur tout le territoire, mais en quête de quoi, impossible à dire.*

VOIR AUSSI :
AMI DE LA FAMILLE (18) COLÈRE (32) DÉPRESSION (42)
INFIDÉLITÉ (72) RÉBELLION (106) SECRET (120)
SENS, QUÊTE DE (124)

## *INFIDÉLITÉ*

Tommy inventait des trucs pour le thérapeute, il lui disait ce que, selon lui, il voulait entendre. Je voulais lui ressembler, disait-il. C'est ma faute, disait-il. Pourquoi ? Parce que si j'étais arrivé à temps, j'aurais pu appeler les urgences et Papa serait encore en vie. Il croyait être malin. Parce que, une chose qu'il ne dirait jamais au grand jamais au thérapeute ou à quiconque, c'est qu'il y avait eu récemment des moments où il avait secrètement souhaité que quelque chose comme ça arrive. Son père, après tout, trompait sa mère depuis six mois – il l'avait surpris en train de chuchoter au téléphone, sûr que personne n'écoutait. Pour Tommy, c'était comme si, d'une façon mystérieuse, son père le trompait, lui. Le code avait été violé et il n'aurait désormais plus de sens.

30 Infidélité *est la cousine à os creux de la moins connue* Fidélité.

VOIR AUSSI :
ÂGE ADULTE (14) COLÈRE (32)
CRISE DE LA QUARANTAINE (38) CULPABILITÉ (40)
DIVORCE (48) ENGAGEMENT (52) IRONIE (84)
LIBERTÉ (88) QUESTIONS, LANCINANTES (104)
SENS, QUÊTE DE (124)

# *INNÉ VS ACQUIS*

Difficile de dire, avec le recul, si c'était le divorce qui lui avait fait perdre la notion du danger. Il se revoit, des années auparavant, en train de parcourir les poutres du troisième étage d'un immeuble en construction dans le voisinage. Il se rappelle Lacey en train de lui crier de descendre et Tommy le Menteur, debout quelques mètres derrière elle, en train de simplement regarder comme s'il attendait qu'il tombe. Peut-être était-ce génétique, encore que, s'il y avait quelqu'un de respectueux des règles, c'était son père. Mais peut-être cela venait-il de sa mère. Peut-être le divorce avait-il fait ressortir ses tendances latentes et l'avait-il envoyé valser loin de la frontière du risque raisonnable. Mais il y avait eu Lacey. Alors c'était peut-être cette fois où il s'était fait attaquer dans la station du LIRR. Il y a quelque chose de libérateur quand on se rend compte qu'on peut regarder droit dans le trou noir d'un revolver et ne rien ressentir. Car ce n'est qu'après qu'il avait sérieusement commencé à flirter avec le danger. Qu'il avait commencé à éteindre les phares sur l'autoroute. Qu'il était monté d'un cran, passant des graffitis sur les murs de la municipalité dans le comté aux dépôts de trains de la ville en pleine nuit. C'était facile, son père et sa mère ne s'adressaient pas la parole. Il suffisait de dire à l'un que vous étiez chez l'autre. Ça ressemblait presque à la liberté, sauf que plus rien ne lui procurait du plaisir, hormis les trains. Alors c'était peut-être ça, l'incident avec le revolver. Quoi qu'il arrive, il n'a plus froid aux yeux. Parce que au bout du compte la chose à redouter n'est plus la mort. C'est la douleur.

31 *Le caractère exact de cet hybride improbable intrigue les observateurs de la Famille depuis des années.*

VOIR AUSSI :
ADOLESCENCE (12) ANGOISSE (22) DIVORCE (48)
ENGAGEMENT (52) HABITUDES, MAUVAISES (64)
HÉRITAGE (66) JEUNE (86) LIBERTÉ (88)
QUESTIONS, LANCINANTES (104) RÉBELLION (106)
RÉSIGNATION (112) SECRET (120) TENDRESSE (128)

# *INNOCENCE*

Jackie continue à faire de solides progrès scolaires ce trimestre. Ses aptitudes verbales et son imagination vive se traduisent par une écriture originale, en dépit d'une orthographe toujours peu orthodoxe, peut-être volontairement. Jackie est à n'en pas douter une lectrice vorace dès qu'on lui laisse le choix des livres de la bibliothèque de l'école. En sciences humaines nous encourageons tous nos élèves à examiner les événements historiques sous des perspectives multiples. Si les maths exigent de Jackie davantage d'efforts, la consolidation des compétences de base l'aidera à aborder des problèmes plus complexes. Toute aide parentale aux devoirs sera bien entendu bienvenue. Mais la socialisation reste notre objectif majeur pour la fin de l'année. Jackie se montre souvent sociable avec les adultes mais avec ses pairs son comportement est tantôt renfermé tantôt assez dominant. Cela est plutôt caractéristique d'une phase précoce de développement que de celle hautement socialisée dans laquelle se trouvent déjà nombre de ses camarades. Comme évoqué lors de son entretien de milieu d'année, sa difficulté à construire et à conserver des relations étroites avec les autres filles semble relever de conflits non résolus à propos du divorce de ses parents. Son attitude réservée semble masquer une sensibilité extrême. Si nous comprenons la résistance de Jackie, et souhaitons respecter ce que son esprit a de singulier, nous insistons encore pour qu'elle rencontre régulièrement la conseillère scolaire et assiste aux déjeuners thérapeutiques. L'établissement a la conviction que l'adaptation au changement à un jeune âge favorisera le bien-être physique et moral lors des nombreux défis que nos élèves auront à relever au cours de leur vie.

32 *Si on a d'abord pensé que l'espérance de vie d'*Innocence *n'excédait pas quelques années, de récentes découvertes montrent qu'*Innocence *peut survivre en état de semi-hibernation plusieurs décennies après sa première poussée d'activité.*

VOIR AUSSI :
ADOLESCENCE (12) ENNUI (54) JEUNE (86)
MYTHOLOGIE (96) PHASE (100)

## *INSTINCT MATERNEL*

Il y a un mur en contreplaqué, d'un mètre quatre-vingts de haut sur trois mètres de large, dans le jardin derrière la maison qu'occupent Elizabeth et Jackie et, depuis peu (le lundi, mardi, jeudi et un week-end sur deux en tout cas), Gabe. Elizabeth l'a fait installer et, quoi qu'il arrive, ne le fera jamais démonter, parce que la décision ne lui appartient pas. L'humidité du bras de mer et les températures extrêmes ont délavé la peinture et déformé le panneau dont les bords se recroquevillent comme du papier. Les formes, elles, sont toujours visibles : visages, drapeaux, oiseaux, corps, spirales et dentelles, et le nom qu'il s'était choisi, Casper, écrit partout. À force de répéter, c'est ainsi qu'il apprenait. Elle avait entendu la basse grondant dans sa chambre, derrière la porte fermée. Elle avait vu comment il avait abandonné la GameCube, comment il se penchait au-dessus de son carnet de croquis. Et elle s'était dit, au moins il ne se drogue pas, comme Marnie Harrison prétendait que faisaient la moitié des lycéens d'ici. Elle s'était dit, mieux vaut sous son propre toit que dehors quelque part à faire Dieu sait quoi, comme le fils de Marnie. Gabe n'avait pas besoin de la remercier. La lumière qui éclairait son visage quand il s'entraînait à... comment les appelait-il ?... ses *throw-ups*, ses *burners*, était bien assez.

33 Instinct maternel *reste non loin du sommet de la chaîne alimentaire. On a même pu observer des femelles dominantes, qui chassent pour le troupeau, attaquer des créatures aussi effrayantes que* Rébellion *et aussi insignifiantes que le minuscule* Ennui.

VOIR AUSSI :
ADOLESCENCE (12) CRISE DE LA QUARANTAINE (38)
DÉPRESSION (42) INNÉ *VS* ACQUIS (74) LIBERTÉ (88)
LUTTE POUR LA GARDE (90) QUESTIONS, LANCINANTES (104)
RECONNAISSANCE (110) SACRIFICE (118)
SÉPARATIONS, AMIABLES ET CONFLICTUELLES (126)

# *INTÉGRITÉ*

Pourquoi deux personnes s'attirent-elles mutuellement ? Cette question laisse les êtres humains perplexes depuis la nuit des temps. Encore aujourd'hui nous en savons peu, sinon que l'attirance est, par nature, irrationnelle. En toute logique, une femme active d'un peu plus de quarante ans – c'est une hypothèse – ne devrait pas s'aventurer hors d'un mariage qui a produit deux beaux enfants. À supposer même que l'homme le plus viril lui marque de l'intérêt, elle aurait beaucoup de mal, dans son emploi du temps chargé, à trouver le temps pour une liaison. Certes, le temps est ce qui manque dans son couple (encore une fois, c'est une hypothèse). Pourtant on a pu observer que ce type de femme sera attirée par quelqu'un d'autre que son époux – même par quelqu'un qu'elle jugera insignifiant physiquement et égocentrique. Peut-être ce dernier trait se révèle-t-il irrésistible pour notre hypothétique femme active quand elle approche de l'hypothétique âge mûr ; peut-être, à l'inverse de nos hypothèses précédentes, ce type de femme recherche-t-elle quelqu'un qui ne la désire ou n'a besoin d'elle que physiquement. Peut-être cette qualité l'attire-t-elle précisément parce que, dans une certaine mesure, elle voudrait la partager. Mais là nous sommes tout près de réduire l'attirance, infinie dans sa diversité, à une formule unique. Notre connaissance de ce qui anime le désir érotique n'est pas très éloignée de celle de nos ancêtres, qui cherchaient dans les étoiles des réponses à leurs questions.

34 *Les individus de cette espèce menacée d'extinction se ressemblent peu. À l'état sauvage, cependant,* Intégrité *reconnaît les siens grâce à la mâchoire forte et au regard perçant propres à cette lignée.*

VOIR AUSSI :
ATTRACTION (24) CRISE DE LA QUARANTAINE (38)
CONSENSUS (34) DISCRÉTION (44) DIVORCE (48)
LIBERTÉ (88) SACRIFICE (118) VALEURS FAMILIALES (132)
VULNÉRABILITÉ (136)

## *INTIMITÉ*

J'imagine ça juste après la première fois qu'ils étaient allés jusqu'au bout. Et qui, il faut que vous le sachiez, était pour Lacey la toute première fois. C'était l'année après la mort de son père, survenue comme ça, de façon soudaine ; sa mère devait aller en ville pour la journée, ou ce genre de chose. « Lacey, je te confie ton frère », avait dit Mme Hungate – comme si son crétin de petit frère allait obéir à ses ordres. Et puis quand Gabe était là, on ne peut pas dire que Lacey avait de l'attention en reste, tu vois ? Imagine Tommy le Menteur en train de lui raconter qu'il va à la bibliothèque ou faire du bénévolat à l'orphelinat, ou tout ce qu'il peut bien inventer pour ensuite s'éclipser et aller faire ce qu'il faisait en vrai. Lacey est seule avec Gabe dans cette maison absolument incroyable que son père a achetée. Il était en elle il y a quelques instants à peine, elle n'a pas aimé, pas exactement, mais elle l'aime lui et maintenant ils sont allongés dans la lumière de l'automne, cette lumière du matin totalement limpide qui vient du bras de mer et se répand sur les rideaux de dentelle qu'elle a tirés pour qu'on ne puisse pas regarder, et tout à coup, boum, il est entièrement là. Il s'appuie sur un coude et il la fixe du regard comme il ne fait jamais avec personne. Elle vit pour ça, me dira-t-elle, ce regard qui semble capable de vous transpercer. (Comme si je pouvais savoir de quoi elle parle. Comme s'il allait poser ce regard sur moi.) Mais bon, il remue. Elle croit qu'il cherche un autre préservatif sur la table de chevet, mais en fait il prend ce feutre qu'il a toujours sur lui, et sans lui laisser le temps de protester, il lui dessine à main levée un oiseau sur le bras, un aigle, je crois. Et dans ses serres, un cœur. Pas un cœur de Saint-Valentin, un cœur avec des veines et tout. Je sais, je sais, elle me l'a montré après et je lui ai dit, il n'y a pas plus débile. Mais secrètement j'étais jalouse. C'est devenu leur truc, je pense, parce que parfois après le sport, quand les vestiaires étaient vides, je l'apercevais toute seule dans la cabine de douche, avec ces dessins de folie tous tracés au feutre sur son ventre à différents endroits, ceux qu'on ne voit pas quand on est habillé. Et après, ces salopes ont eu beau dire n'importe quoi à Lacey, il n'a jamais sorti son feutre pour moi, et c'est comme ça que j'ai compris que c'était une erreur.

35 *De jour, cette créature reste immobile près des points d'eau, où le bruit et le mouvement d'animaux plus gros éloignent les prédateurs potentiels. Ce n'est qu'à la tombée de la nuit qu'*Intimité *s'éveille et part en quête de nourriture.*

VOIR AUSSI :
ADOLESCENCE (12) AMOUR (20)
ATTRACTION (24) CHAGRIN (26) ÉCLAIR DE LUCIDITÉ (50)
FIDÉLITÉ (58) INTÉGRITÉ (80) MATURITÉ (94)
RUMEUR (116) SECRET (120) VIE PRIVÉE (134)

# *IRONIE*

La pose du nouveau linoléum avait été la dernière des rénovations effectuées cette année-là dans la maison, et après que son fils avait trouvé son mari étendu de tout son long, frappé par l'arrêt cardiaque qui lui avait ôté la vie, Marnie avait envie de l'arracher à mains nues. Elle voulait ne plus jamais marcher dessus. Bizarrement, elle accusait le linoléum. Et elle s'accusait elle-même parce que lorsqu'elle avait appelé ce soir-là pour dire qu'elle rentrerait tard du dîner des anciens élèves et qu'elle avait entendu le répondeur, elle avait cru qu'il était sorti, plutôt qu'en train de mourir dans la cuisine. Il sortait encore beaucoup pour un homme de son âge. Elle n'avait aucune raison de se sentir coupable, elle n'aurait rien pu faire, voilà ce que lui disait Elizabeth. Au cours de son premier mois de veuvage, Marnie se rendait chez les Hungate pratiquement tous les soirs. Mais les conversations avaient le même effet que la télévision. À son retour, elle se sentait encore plus seule. Marnie se reprochait sa propre incapacité à reconnaître ses sentiments à l'égard de Frank; pas une minute elle n'avait pensé que cela pouvait avoir un rapport avec Elizabeth.

3b *Grâce aux biotechnologies modernes, on trouve aujourd'hui des traces d'ADN d'*Ironie *dans le génome de presque tous les autres organismes qui constituent la Famille nord-américaine.*

VOIR AUSSI :
AMI DE LA FAMILLE (18) CHAGRIN (26) CONSENSUS (34)
DÉPRESSION (42) DISCRÉTION (44)
INFIDÉLITÉ (72) MATÉRIEL (92) OPTIMISME (98)
PROVIDENCE (102) SÉCURITÉ (122)
VALEURS FAMILIALES (132)

## *JEUNE*

Si vous m'entendez, de grâce faites que mon frère guérisse. Peu importe pourquoi il a mérité ça, je parie qu'il ne l'a pas fait exprès, et si vous le faites guérir, je promets à partir de maintenant d'aller à l'église tous les dimanches. De grâce, veillez sur ma mère et mon père. Même s'ils ne s'aiment plus, pourriez-vous au moins faire en sorte qu'ils ne soient plus en colère l'un contre l'autre et je m'efforcerai de rendre visite à Papa. Et Lacey a été vraiment gentille avec mon frère, plus gentille que moi parce que j'ai du mal à être gentille et en colère en même temps, alors si vous pouviez faire en sorte qu'il lui arrive quelque chose de bien, j'essaierais de n'avoir que des A et des B à tous mes devoirs jusqu'à la fin de l'année, il en reste trois mais vous avez vu les autres, alors vous savez. Et prenez soin de sa famille, tant que vous y êtes, ou de sa mère et de Tommy en tout cas – je ne sais pas ce qui arrive aux morts. Et de tous les voisins et de leurs animaux de compagnie. Et de tous les poissons du bras de mer. Et de ceux de Long Island et de New York. Et aussi des enfants du Middle West qu'on voit aux actualités et d'Afrique (les adultes aussi). Et tous ceux qui sont à l'hôpital dans le monde entier, parce que, autant que vous le sachiez, les hôpitaux c'est pourri et ça sent mauvais. Et de tous ceux qui vivent dans les pays où il y a une guerre ou pas d'argent. Et de tous ceux qui souffrent. En fait, je crois que vous pourriez bénir tous les gens, les plantes et les animaux, et Alphonse et toutes les créatures imaginaires et, s'il existe une vie sur Mars, alors les Martiens aussi. Vous respectez votre part, et je promets de faire tout ce que je peux pour être bonne tout le temps et aussi de faire mon lit tous les jours (sauf si j'oublie), Créateur Rédempteur Tutélaire Amen.

37 *L'apparition de* Jeune *en plein essor ne se produit qu'une fois dans une vie ; prions pour que les rumeurs annonçant son extinction se révèlent inexactes.*

VOIR AUSSI :
AMOUR (20) FÊTE (56) INNÉ *VS* ACQUIS (74)
INNOCENCE (76) MYTHOLOGIE (96)
RIVALITÉ ENTRE FRÈRES ET SŒURS (114) TRADITION (130)

## *LIBERTÉ*

Elizabeth fait du sport. Elle s'éclate avec sa vidéo de tae bo. Elle écoute Joni Mitchell période intermédiaire en courant sur le tapis roulant, rescapé de l'obscurité du garage, devant la grande baie vitrée. Elle lit Susan Faludi et Anaïs Nin. Elle fait de la danse country chaussée de bottes hautes et mange de la glace au déjeuner. Elle fait tout ce qu'elle n'aurait jamais fait quand elle était mariée à Jack. Elle a tout le temps conscience de ce qui est brisé ou perdu : la confiance de son fils, le bonheur de sa fille, la masse tiède et rassurante d'un mari à côté d'elle dans le lit, le schéma narratif de sa vie, mais elle se répète que le jeu en valait la chandelle. Et un jour, sur une route de campagne du North Fork, le compteur de vitesse de la Volvo dépassant les 140 kilomètres à l'heure, juste parce que le moment est propice, elle se demande : est-ce que c'est ça être une femme libre ?

38 *Peut-être à cause de sa ressemblance avec* Sens *menacé d'extinction,* Liberté *est la créature la plus recherchée en Amérique du Nord. Comme pour* Divertissement, *sa valeur ne cesse de croître dans d'autres régions du monde.*

VOIR AUSSI :
ADOLESCENCE (12) CRISE DE LA QUARANTAINE (38)
DIVORCE (48) ENGAGEMENT (52) INNOCENCE (76)
OPTIMISME (98) RÉBELLION (106) VULNERABILITÉ (136)

## *LUTTE POUR LA GARDE*

Quand la maison n'est jamais assez propre. Quand la nourriture n'est jamais assez saine. Quand vous avez toujours cinq à quinze minutes de retard au rendez-vous dans le parking du Ken's Big Boy, la zone neutre où votre femme exige que vous vous retrouviez pour échanger votre fille le mercredi et un week-end sur deux. Sa Volvo, la vôtre précédemment, attendra – le reflet du soleil sur le pare-brise effaçant les visages des passagers à l'intérieur. Depuis peu, elle laisse toujours le moteur tourner, comme pour enfoncer le clou : vous n'êtes pas à l'heure et elle a autre chose à faire. Ces griefs, votre fille les reprendra à son compte, mais ils garderont le parfum familier d'Elizabeth, comme les taies d'oreiller qui conservent l'odeur de son shampooing. Comme les photos dans les albums que vous avez laissés le jour du déménagement.

39 *Issue de* Divorce, Lutte pour la garde *est l'un des nombreux prédateurs naturels de* Séparation amiable.

VOIR AUSSI :
CHAGRIN (26) INFIDÉLITÉ (72) PHASE (100)
RÉCONCILIATION (108) SACRIFICE (118) TRADITION (130)

## *MATÉRIEL*

Une maison, deux voitures, quatre assortiments de vêtements, des quantités aberrantes de chaussures, de médicaments quotidiens, de courses d'épicerie hebdomadaires, de magazines mensuels, un an de réserve de bois pour le poêle à bois, assez de raquettes de tennis et de ballons de basket pour remplir un garage, une vie entière de cigarettes. Chéri, je peux, Papa, je pourrais pas, Papa, pourquoi je peux pas, tu veux pas, tu veux bien ? S'il te plaît fais-moi un chèque, s'il te plaît je peux avoir un peu d'argent, s'il te plaît est-ce qu'on peut mettre ton nom sur une petite donation ? Bien sûr, disait Frank. Il peut. Il pouvait. Pour les mobiles, les Palm Pilots et les ordinateurs portables, il raquait. Pour les premières pierres, les uniformes et les repas à domicile des personnes âgées. Ces choses coûtaient de l'argent, mais c'est bien pourquoi il travaillait. À la fin, c'est sûr, il est toujours plus facile de dire oui.

40 *Si l'impact de* Matériel *sur les autres espèces constitue toujours une énigme pour les observateurs, il a été démontré qu'aucun écosystème ne peut prospérer s'il en manque totalement.*

VOIR AUSSI :
ÂGE ADULTE (14) ALLEZ SAVOIR (16)
CHARGE FISCALE (28) CRÉDIT IMMOBILIER (36) CULPABILITÉ (40)
DIVERTISSEMENT (46) FOYER (60)

# *MATURITÉ*

Tu sais, Alphonse, les choses auraient pu être pires. Maman et Papa se reparlent et le petit arbre que nous avons acheté au drugstore près de l'hôpital donne un peu de vie au bord de la fenêtre, même si avec le dégel on n'a pas l'impression d'être en décembre, et je suis sûr qu'il est triste de rater tout ce soleil. Hier, Alphonse, il a dit ses premiers mots depuis que c'est arrivé, et tu sais quoi ? Pas à Maman, à Papa ou à Lacey. Il les a dits à moi. Il a tendu la main et il m'a attrapé le bras juste là, au-dessus du coude, et il a dit sans remuer les lèvres : « Ne grandis pas. » Je parie qu'il aurait souri si ça ne lui avait pas fait mal de sourire. Maintenant tu te demandes peut-être ce qu'il a voulu dire par : « Surtout, ne grandis pas », mais je savais ce qu'il pensait. Il pensait : « Surtout ne finis pas comme moi », et tu sais quoi, Alphonse ? Je ne crois pas que je finirai comme lui !

41 *Davantage en repli que* Âge adulte, *avec lequel elle est systématiquement confondue*, Maturité *est associée à Discipline*, Chagrin, Résignation, *et* Sacrifice.

VOIR AUSSI:
AMOUR (20) ENGAGEMENT (52) ENNUI (54)
INNOCENCE (76) MATÉRIEL (92) RÉCONCILIATION (108)
TRADITION (130) VIE PRIVÉE (134)

# MYTHOLOGIE

La classe avait passé la majeure partie du mois de décembre à construire le Village nord-américain. Le professeur avait peint la bâche en vert pour représenter la Terre, en laissant une marge bleue pour l'Eau. Il y avait, derrière la fenêtre, de la terre et de l'eau parfaites, avait envie de dire Jackie, mais on lui avait aussi demandé d'aider à construire des Arbres en carton roulé et mouchoirs en papier et, quand ils étaient passés aux Récoltes, elle avait oublié. Des Citrouilles en pâte à modeler, des pieds de maïs confectionnés avec des cure-pipes, de minuscules calebasses avec des feuilles en mouchoirs en papier sur des vrilles en cure-pipes... Les Récoltes avaient nécessité un temps fou. Jackie avait placé les siennes près de l'Eau, pour faciliter l'irrigation. Les Maisons étaient plutôt faciles, chacun avait apporté une boîte à chaussures. Ils avaient passé une journée à découper du papier cartonné pour cacher les logos et les pointures. Une fois terminées, les Maisons avaient été disposées en cercle, pas comme les chariots qu'ils avaient confectionnés à l'atelier Pionniers, mais tournées vers l'intérieur, vers le centre du Village, où se tiendrait le conseil tribal. Les Hommes et les Animaux venaient en dernier. Les hommes : pinces à linge peintes en marron, cheveux en ficelle collée, tuniques en feutre et outils en cure-dents. Les Animaux : encore de la pâte à modeler. Les Hommes étaient placés dans le Village et les Animaux dans la Forêt. Comme rempart, Jackie avait érigé une Palissade en bâtons d'esquimaux. Quand elle s'était rapprochée jusqu'à avoir la tête presque au niveau du sol, ce qu'elle avait vu était un autre monde. Elle s'était imaginé les Hommes et les Animaux se déplaçant au cours de la nuit, préparant une embuscade, saccageant la classe dans le noir. Et puis, quelques jours avant les vacances de Noël, la classe s'était réunie en demi-cercle autour du Village. « Ne touchez pas, avait dit le professeur. C'est un moment solennel. » Elle avait passé des cartes marquées Arbres, Hommes et Animaux. « Jackie, qu'est-ce que je viens de dire ? Un moment très solennel. Ce que vous voyez là, c'est le monde dans lequel vivaient les Nord-Américains, avant que les Européens arrivent et abattent les Arbres. Ceux qui ont des Arbres, avancez. » Les élèves qui avaient reçu des cartes Arbres avaient dû enlever les Arbres sur la bâche. « Sans les Arbres, où peuvent aller les Animaux ? » avait demandé Jackie. Le professeur avait hoché la tête. « Très bien vu. Ceux qui ont des cartes Animaux, retirez les Animaux. Sans les Animaux, les Hommes n'avaient plus de subsistance. Mais non, ne dites pas de bêtises, ils ne pouvaient pas manger les Européens. Ceux qui ont les Hommes... » Jackie se leva. Dehors, c'était l'hiver. Le terrain de jeux était un grand espace vide. Déjà, elle devinait toute l'immensité de ce vide. Sans leurs habitants, les Maisons allaient s'écrouler. Sans les Maisons, les Récoltes, les Hommes, les Animaux et les Arbres, il ne resterait qu'une étendue de toile plate. Et à la fin de l'école, les élèves iraient dans les vestiaires en organisant des batailles entre les Nord-Américains en épingles à linge qu'ils avaient fabriqués. On leur rappellerait d'emporter chez eux leurs Hommes et leurs Animaux, mais ils oublieraient et alors ceux-ci resteraient là, abandonnés : les Indiens cassés, des daims, et un arbre sur le sol boueux des vestiaires, tout ce qu'ils avaient eu tant de mal à fabriquer voué à être jeté. En commençant à ramasser les Maisons sur la bâche, elle avait fait semblant de ne pas sentir le regard des autres enfants. Elle avait fait semblant de ne pas entendre le professeur dire : « Jackie ? Mais que fais-tu donc ? »

*Sans* Mythologie, *de quelle protection la Famille pourrait-elle s'armer contre les éléments ? Les expériences menées afin de répondre à cette question se sont récemment révélées catastrophiques.*

VOIR AUSSI :
INNOCENCE (76) JEUNE (86)

## *OPTIMISME*

Marnie pénètre pieds nus dans la cuisine glacée et allume le brûleur sous un peu d'eau. Ses premiers essais ont été catastrophiques : les blancs se défont, quelques filets de jaune s'éloignent vers les parois de la casserole. Frank est en voyage, il joue au golf et hier soir, au téléphone, elle a failli capituler et lui dire. Sa cuillère à café de vinaigre n'a servi à rien. C'est ainsi que nous nous parlons quand il est sur la route, pense-t-elle. Je confesse mes défaillances et il se met à me dire tout ce que je rate, tout ce que je fais de travers. Elle casse l'œuf dans un petit bol, en veillant à ne pas rompre le jaune. Même au bout de deux ans, il ne veut pas en parler. La couronne bleue du brûleur bourdonne dans la pénombre du crépuscule. Elle prend une cuillère en bois. Des bulles remontent comme un lâcher de ballons vers la surface et elle remue. Une douleur au ventre. Quand Frank avait employé ce mot, centripète, elle avait d'abord pensé au fauteuil de bureau de son père, celui en cuir qui pivotait sur des roulettes. Petite fille, quand elle allait en ville dans son bureau, elle grimpait dedans avec ses poupées. Elle tournait et tournait, ses souliers frottant le mur. Avec la force de gravité, elle avait l'impression d'être un astronaute. Et pourtant le fauteuil ne les avait-il pas poussées vers l'extérieur, comme si elle allait d'une seconde à l'autre se mettre à voler ? « Fais-moi confiance », disait Frank. Calmement, il lui expliquait qu'il s'agissait d'une illusion. C'était la force centripète, combinée à la première loi du mouvement, qui créait l'impression qu'on était expulsé du centre. À présent Marnie glisse l'œuf dans la centrifuge de l'eau. Elle respire. Elle place sa main sous sa chemise de nuit, sur l'espace tendu sous le nombril, où leur premier enfant, enfin, est en train de grandir. « Fais-moi confiance. » Centripète signifie littéralement qui cherche le centre. Elle est légèrement déçue de découvrir qu'il a raison. Le centre tient. Au milieu de cette eau bouillante, l'intérieur de l'œuf tournoie comme un petit soleil doux. Dans ce cas pourquoi, aujourd'hui, le monde lui paraît-il réduit ? Si elle avait mené sa grossesse à terme, leur petit garçon aurait fêté son anniversaire. Ballons bleus. On n'annonçait rien à personne avant la fin des trois mois. Elle avait alors désobéi à la règle, mais à présent elle sait. Encore un mois à attendre avant de le dire à Frank. Elle veut être sûre. Mais elle a déjà choisi un nom. Amusant, pense-t-elle (mais il lui aurait certainement rappelé qu'amusant n'était pas exactement ce qu'elle voulait dire). J'étais là en train de me convaincre que tout s'écroulait, alors qu'en fait je ne voyais pas que ce vers quoi je tombais, c'était le centre.

43 Optimisme *vit si longtemps qu'il semble, à l'observateur humain, pratiquement immortel, mais, à l'opposé de celui de certaines créatures, le développement d'*Optimisme *s'effectue en sens inverse. À savoir qu'*Optimisme, *énorme à la naissance, rétrécit graduellement jusqu'à la taille qu'il présente à l'*Âge adulte.

VOIR AUSSI :
ÂGE ADULTE (14) AMI DE LA FAMILLE (18)
CONSENSUS (34) DÉPRESSION (42) FOYER (60)
HIÉRARCHIE (68) IRONIE (84) MATÉRIEL (92)
SÉCURITÉ (122)

# PHASE

Il était une fois dans un lointain roillome, une fille appelée Jacqueline. Son père était roi, sa mère était raine, son frère était prince, plus souvent qu'à son tour, et cela faisait d'elle une princece. Princece Jacqueline aimait parler, plaisanter et faire samblant d'être un singe. Une chose que cette princece détestait, c'était d'être seule. Tous étaient charmés par sa façon de raconter une histoire et par sa danse du singe, et ils comprenaient sa peure de la saulitude. Si on lui donnait le choit, qui choisirait d'être seul ? Mais un malléfice s'ampara du pays, si progrecivement que la princece ne peut pas dire quand il avait commencé. D'abord un mal mistérieux s'ampara de son frère, le prince. Il ne voulut plus lui raconter ses secrets et la renvoyait quand elle frapait à sa porte. Ensuite, le roi et la reine cecèrent de s'aimer et coupèrent le roillome en 2. La princece Jacqueline se retrouva victime d'un sortilaige, enfermée dans une boite en vert, et même si elle pouvait voir les jants autour d'elle, eux ne pouvaient pas à l'entendre. La princece fut très en colaire. Parfois elle tapait des mains contre la boîte en vert. Parfois elle criait, parce qu'elle avait lu que certaines notes hautes pouvaient briser le vert. Les enfants du pays eurent peure d'elle parce qu'ils pensaient qu'elle était toujours comme ça. Mais même dans son désespoire le plus profond, la fille savait intimement que le sortilaige finirait par se briser, et qu'elle vivrait heureuse pour le restant de ses jours, parce que c'était ainsi que se terminaient toutes les histoires.

44 *Avec leurs sens aiguisés, les* Jeunes *sont plus aptes que les adultes à reconnaître qu'ils traversent une* Phase *sauvage.*

VOIR AUSSI :
ENNUI (54) INNOCENCE (76) LIBERTÉ (88) RÉCONCILIATION (108)
RIVALITÉ ENTRE FRÈRES ET SŒURS (114)

# *PROVIDENCE*

Cet hiver-là, peu avant que la succession de cambriolages dans les grandes maisons du bord de mer prenne brutalement fin, l'Honorable Robert Perlmutter fut tiré de sa sieste sur le canapé de son bureau par une autre série d'aboiements et le grincement des portes de la cuisine, située à l'étage en dessous. S'il avait été plus vigilant, il n'aurait pas crié: « Bonjour ! », mais dans son état de semi-conscience, une part de lui était convaincue qu'il s'agissait sûrement d'un des garçons du voisinage rentré de l'école. Comme il n'y avait pas d'autre bruit, il se leva. La douleur de l'arthrose le transperça tandis qu'il allait à la fenêtre. Il se souvenait que ses propres garçons étaient adultes, qu'ils étaient partis et que son unique fille gisait encore à l'endroit où il lui avait dit adieu vingt-huit ans auparavant, dans un cimetière sous la trajectoire de vol des avions pour LaGuardia. Il se souvenait que l'un des garçons du voisinage se trouvait en réanimation. Il se souvenait de l'article relatant le crime dans le journal. Aussi fut-il surpris quand il aperçut la lueur pâle du cou de la silhouette fonçant en direction de la haie. La justice était aveugle, et ainsi de suite, mais il s'était figuré que le rôdeur serait un Noir.

45 *Depuis longtemps, les sceptiques rejettent* Providence *parce qu'elle est issue de* Mythologie, *et pourtant elle apparaît encore - toujours dans des contrées sauvages, toujours sans être attestée.*

VOIR AUSSI :
ALLEZ SAVOIR (16) AMI DE LA FAMILLE (18)
CULPABILITÉ (40) DÉPRESSION (42) HABITUDES, MAUVAISES (64)
RECONNAISSANCE (110) SECRET (120)
SENS, QUÊTE DE (124)

# QUESTIONS, LANCINANTES

Avec qui Elizabeth a-t-elle couché ?
Qu'est-ce que Lacey peut bien trouver à ce garçon ?
Pourquoi « Casper » ?
Y a-t-il une vie après la mort ?
Qu'est-ce que Jackie fait dans cette histoire ?
Pourquoi fumer des cigarettes ?

46 *Ces parasites domestiques affectent la Famille depuis la nuit des temps, se révélant insensibles aux radiations et aux autres formes de* Sécurité.

VOIR AUSSI :
DIVORCE (48) ENGAGEMENT (52) HABITUDES, MAUVAISES (64)
INFIDÉLITÉ (72) INSTINCT MATERNEL (78) LIBERTÉ (88)
RÉSIGNATION (112) VULNERABILITÉ (136)

## *RÉBELLION*

Au début c'était pour rire, quand je me suis glissé dans le trou où la barrière ne touchait pas le sol. Quand je me suis dit que je voulais seulement savoir que je pouvais le faire si je voulais, tout comme quand j'étais avec Michelle DuPlessis, dehors dans le parking devant le gymnase, et qu'elle flirtait avec moi au lieu de faire son numéro de pom-pom girl à l'intérieur, avec Lacey. En fait, je n'avais rien préparé. Mais pourquoi dans ce cas étais-je venu quatre fois inspecter les lieux, à la recherche d'un passage ? Avec mon sac à dos et des embouts plein la poche ? Pourquoi l'ai-je laissée me sucer dans le noir derrière le pare-brise ? Personne ne vous dit jamais que ça existe, les pipes tristes. Et à la vérité, ce n'est jamais assez, rien n'est jamais assez, sauf bomber mon nom en lettres rouges dégoulinantes sur les wagons désaffectés, les couvrir de graffs de haut en bas, quand tout s'évapore excepté le sifflement et l'odeur de la peinture. Tout sauf moi, tout seul là-bas, où les arcs des lampes de sécurité ne se chevauchent pas.

47 Rébellion, *répandue dans tous les habitats, favorise le fonctionnement de la Famille sur le long terme, en éliminant les morts et les mourants.*

VOIR AUSSI :
ADOLESCENCE (12) COLÈRE (32)
CRISE DE LA QUARANTAINE (38) ENGAGEMENT (52)
INNÉ *VS* ACQUIS (74) JEUNE (86) LIBERTÉ (88)
RÉSIGNATION (112) SÉPARATIONS, AMIABLES ET CONFLICTUELLES (126)

## *RÉCONCILIATION*

Jackie est dans la salle d'attente avec son lion, elle caresse sa fourrure en fronçant les sourcils quand son père apparaît au bout du couloir. Ils ne se sont pas parlé depuis une semaine et demie. Cela n'a rien d'exceptionnel en ce moment, mais c'est un élément qui compte car autrement Jack n'aurait pas été aussi bouleversé à la vue de sa fille cajolant un jouet qu'il a choisi pour elle tant de Noëls auparavant, il n'aurait pas senti son cœur se serrer dans sa poitrine. Aussitôt la gêne que provoquent ces retrouvailles après un si long silence se dissipe. Jamais il ne s'est senti autant père qu'à présent, alors qu'il descend le couloir vers elle, qu'il l'assujettit à son corps dans le creux de son bras, lui baise le sommet du crâne, l'appelle « ma puce ». « Bonjour, ma puce », dit-il. Elle dit que sa mère est déjà arrivée.

48 Réconciliation *migre vers les paysages ravagés par* Chagrin *et* Séparations. *En se nourrissant de la charogne abandonnée par ces prédateurs, elle encourage la régénération de la faune.*

VOIR AUSSI :
AMOUR (20) CRÉDIT IMMOBILIER (36) DISCRÉTION (44)
ENNUI (54) LUTTE POUR LA GARDE (90) MATURITÉ (94)
PHASE (100) TRADITION (130)

# *RECONNAISSANCE*

Tommy était premier de la classe quand le garçon deux maisons plus bas vidait méthodiquement la réserve d'alcool de ses parents, en buvant les bouteilles à moitié avant de les remplir d'eau. Et quand, l'été après le CM1, il avait de nouveau essayé de s'attirer les bonnes grâces du garçon plus âgé, l'idole de sa jeunesse, Gabriel avait tout de suite vu clair dans les mensonges de Tommy sur la colo, sur l'herbe qu'il fumait, sur les champignons qu'il avait ingérés une fois – pas en grande quantité, mais juste assez pour être sûr qu'il avait commencé à avoir des hallucinations. Tommy n'avait pas tardé à considérer que lui, qui travaillait d'arrache-pied à l'école, et qui était plus grand, plus fort et, du moins sur le papier, plus intelligent, méritait un peu de considération et alors pourquoi ne pas déformer la réalité de temps en temps ? Mais le pauvre, le malheureux Gabe était le plus âgé et il avait toutes les filles et toute l'attention, ce qui l'emportait sur les trophées et les bonnes notes aussi sûrement que la pierre l'emportait sur les ciseaux. Et quand leurs deux familles s'étaient retrouvées détruites en l'espace d'une saison, Gabe avait reçu toutes les marques de sympathie et les gratifications de ses parents négligents : la voiture, par exemple, et les félicitations sur la manière positive dont il réagissait à tout ça. Quand Tommy inventait un petit mensonge en racontant que son père avait découvert les Supremes, les gens reculaient de dégoût. Quand Gabe avait envie de vandaliser des murs, on lui construisait un mur à vandaliser. Et quand il s'était insinué dans un dépôt de trains et avait eu ce qu'il méritait, c'était un héros tragique, romantique, une victime. Et s'il était mort cette nuit-là, Tommy le savait, l'enfant mort aurait encore été le gagnant du gros lot de l'attention, quand le vivant se serait cloué lui-même à une croix. À ce stade, Tommy avait pratiquement cessé d'aller en classe, et le temps qu'il ne perdait pas à tester la résistance des serrures sur les portes du voisinage et la crédulité des prêteurs sur gage était employé à fumer de l'herbe dans des voitures sur le parking de la supérette... comme si son existence réelle se résumait à vouloir ressembler à son existence fictive. L'herbe, au moins, serait une chose que les deux garçons auraient en commun, sauf que Gabe avait déjà dit adieu à tout ça et était passé à autre chose, dans un ailleurs encore plus inaccessible.

49 Reconnaissance *et* Rivalité entre frères et sœurs *se partagent rarement le même territoire.*

VOIR AUSSI :
ALLEZ SAVOIR (16) AMI DE LA FAMILLE (18)
ANGOISSE (22) CULPABILITÉ (40)
HIÉRARCHIE (68) RUMEUR (116) SECRET (120)
SENS, QUÊTE DE (124) VALEURS FAMILIALES (132)

## *RÉSIGNATION*

L'unique source du charisme de Gabe provenait de ce qu'il ne s'était jamais beaucoup soucié de ce que pensait qui que soit, d'une façon ou d'une autre. Prenez sa voiture, par exemple, la Geo, cette caisse de merde qui les aurait fait marrer dans le parking de l'école s'ils avaient pensé que ça l'aurait énervé. Son improbable conversion à la sobriété. Ou les vêtements élimés d'avant le divorce qu'il continuait à porter même après une poussée de croissance qui laissait trois centimètres entre l'ourlet de son pantalon et ses chaussures. Mais quand, ayant trébuché sur le troisième rail, il avait senti l'électricité embraser son corps en un éclair de quelque chose aussi proche de l'extase que de la douleur, il avait eu, au cours d'un étrange instant de détachement, la certitude que, si Dieu lui accordait de vivre au-delà de cette brûlure interminable, il attacherait beaucoup d'importance au regard des autres.

50 *Prospère dans les zones climatiques trop humides pour son cousin* Rébellion, Résignation *est une arme à double tranchant pour la Famille : ni prédateur ni proie,* Résignation *épuise les ressources sans contribuer de façon claire à la chaîne alimentaire.*

VOIR AUSSI :
ADOLESCENCE (12) ALLEZ SAVOIR (16) ANGOISSE (22)
ATTRACTION (24) CHIMIE (30) DIVORCE (48)
RÉBELLION (106) SÉPARATIONS, AMIABLES ET CONFLICTUELLES (126)

## *RIVALITÉ ENTRE FRÈRES ET SŒURS*

Maman dit qu'ils doivent s'occuper de vous, mais ce grand frère n'est pas du tout comme ça. Il est méchant. Comme cette fois où j'étais dans le salon et que ma mère avait mis ses écouteurs, et mon père lui a demandé si elle avait quelque chose à lui dire et tout à coup ils se sont disputés. Je suis descendue au sous-sol où se trouvait mon frère. J'étais en CE2 et lui en troisième mais il m'a dit va-t'en. Les lumières étaient éteintes. Il était juste assis, là. J'entendais sa voix au-dessus de la musique, comme celle d'un monstre dans une grotte. « J'ai dit va-t'en », il a fait. Alors je suis montée dans ma chambre pour réciter mes prières mais je me souviens toujours de cette nuit, et quand quelqu'un m'explique la chance que j'ai d'avoir un grand frère, je me dis sûrement pas. Il n'y a que moi qui se soucie de moi. Enfin, et Alphonse, aussi, si on compte Alphonse.

51 Rivalité entre frères et sœurs *chasse en groupes d'au moins deux spécimens. Étant donné sa formidable longévité, elle peut hiberner des années entre deux périodes d'activité, même si*, comme *ses cousines d'autres continents, cette* Rivalité *tend avec l'âge à perdre de sa force.*

VOIR AUSSI :
ANGOISSE (22) DIVERTISSEMENT (46) DIVORCE (48)
ENNUI (54) JEUNE (86) MATURITÉ (94) PHASE (100)
RÉCONCILIATION (108)

## *RUMEUR*

Théoriquement, Tommy le Menteur l'avait entendu dire par Dan le Louche un après-midi derrière la supérette. Pour un menteur, Tommy tendait un peu trop à prendre ce que disaient les autres pour argent comptant. Ils ingurgitaient des comprimés d'éphédrine par poignées et les arrosaient de rhum et de Mountain Dew en attendant qu'ils fassent de l'effet. Les cours venaient de finir et, derrière les vitres de la Louchemobile, ils regardaient entrer et sortir les mômes par les portes aux vitres crasseuses. Tommy le Menteur avait l'âge de conduire depuis un an, mais il n'avait toujours pas de voiture, à ce qu'on m'a dit parce que sa mère le voyait mal derrière le volant. Pas étonnant. Mais bon, Tommy, un peu rêveur, a dit, Hé, voilà mon voisin. Et Dan le Louche a dit, mec, c'est le mec que j'ai vu se faire pomper par Michelle DuPlessis sur le parking devant la salle de basket-ball la semaine dernière. Bizarre comme coïncidence, si vous voulez mon avis, mais bon, ces trucs-là, c'est toujours comme ça.

52 Rumeur, *parasite résilient, se nourrit de* Secret *jusqu'à la destruction de son hôte. Dans les zones agricoles,* Discrétion *sert parfois de frein à l'explosion démographique de* Rumeur.

VOIR AUSSI :
CHAGRIN (26) COLÈRE (32) CULPABILITÉ (40)
FIDÉLITÉ (58) INFIDÉLITÉ (72) RÉBELLION (106)
RECONNAISSANCE (110)

# *SACRIFICE*

Jack l'avait trouvé un jour au milieu des plants de tomates malades, sûrement aussi long qu'un bras d'homme… sûrement un animal de compagnie échappé ou abandonné. Il avait creusé un trou de plusieurs dizaines de centimètres sous les couvre-sols envahies de mauvaises herbes au bout du jardin. Bizarrement, Jack n'avait pas éprouvé de répulsion. Il s'était agenouillé, fasciné par le corps couleur jade qui respirait lentement sous l'herbe. Plus tard, il avait cherché sur Internet. *Uromastyx aegyptus*. Il arrivait, les jours de soleil quand il s'installait sur la véranda de derrière pour boire une bière et penser au naufrage de sa vie, que le lézard s'approche assez près pour qu'il le touche. Il filait comme une flèche dès qu'il cherchait à le prendre, mais curieusement le seul fait de toucher la crête le long de son épine dorsale suffisait. Les petites serres du lézard ressemblaient étrangement à des mains humaines. L'hiver arriva et la pâleur du ventre commença à se répandre sur le corps vert jade. Sûr que l'animal n'aurait pas survécu au mois de décembre, il avait appelé les services vétérinaires. Une main gantée s'était introduite dans le trou et en avait retiré l'*Uromastyx* qui se démenait comme un beau diable. Il avait pensé à Gabriel, à la salle de travail. Il s'était retrouvé avec le lézard dans les mains, à échanger des banalités avec la femme des services vétérinaires. Et il s'était retrouvé en sanglots quand le camion avait démarré. Il ne savait pas bien pourquoi. C'était juste un lézard, après tout.

53 *Lors de ses rares apparitions,* Sacrifice *risque d'éblouir les observateurs par la délicatesse et la beauté de ses couleurs.*

VOIR AUSSI :
AMOUR (20) CRÉDIT IMMOBILIER (36) CRISE DE LA QUARANTAINE (38)
DISCRÉTION (44) ENGAGEMENT (52) FOYER (60)
OPTIMISME (98) RÉSIGNATION (112)

## *SECRET*

Celui de Lacey, c'était qu'elle l'avait su. Pas tout de suite, mais bien avant que Tommy vienne la voir pour lui raconter l'histoire qu'il tenait de, entre guillemets, source sûre. Elle avait su, dès l'instant où elle avait répondu que c'était un mensonge, que c'était vrai. En outre, elle avait su pourquoi Gabe l'avait fait, et que malgré tout elle ne le quitterait pas. Elle avait caché, enfoui la grenade sous son corps, jusqu'au soir où il avait avoué lui-même, à demi dévêtu sur le bord de son lit à baldaquin bordé d'un volant rose. « Je sais », lui avait-elle dit. Plus que tout autre chose, elle le comprend maintenant, c'est pour ça qu'il était parti en courant cette nuit-là, et qu'il terminerait à l'hôpital.

54 Secrets *se reproduisent rapidement. En cas de forte densité, ils sont les organismes hôtes de* Rumeur.

VOIR AUSSI :
ANGOISSE (22) ATTRACTION (24) INNÉ *VS* ACQUIS (74)
RÉBELLION (106) TENDRESSE (128) VIE PRIVÉE (134)

## *SÉCURITÉ*

À la lumière de tout ce qui est arrivé à ces pauvres gens en un peu moins d'un an, vous devez vous sentir plutôt soulagé à l'heure du dîner en regardant ceux que vous aimez autour de la table. Divorce et éloignement n'ont jamais franchi votre porte, ni l'épreuve d'une longue hospitalisation. Et si la mort vous a frôlé, eh bien, vous avez tous tourné la page. Vous pouvez rester assis dans le calme et la lumière tamisée du dernier rayon de soleil quand il s'éloigne des fenêtres, et profiter d'un repas de famille, rien que vous trois. Vous pouvez contempler leurs visages qui mâchent paisiblement, et que seules ternissent de légères imperfections. Vous remarquez que votre fils a perdu du poids, que votre fille affiche une belle santé alors qu'elle sèche son entraînement de pom-pom girl. Et s'ils ont le regard un peu sombre, c'est parce qu'ils pensent aussi au malheur qui peut frapper les gens bien. Après tout, vous les avez élevés comme il fallait, en cultivant chez eux la compassion qui aujourd'hui fait tant défaut partout. Du moins c'est ce que vous croyez, jusqu'au moment où votre fils ouvre la bouche.

55 Sécurité *est très prisée par les nicheurs pour son beau plumage et son instinct protecteur. Cependant, on a pu observer que, confinée dans un espace exigu,* Sécurité *peut se retourner contre son maître.*

VOIR AUSSI :
COLÈRE (32) CONSENSUS (34) DÉPRESSION (42)
FÊTE (56) INCERTITUDE (70) IRONIE (84)
MYTHOLOGIE (96) OPTIMISME (98)

## *SENS, QUÊTE DE*

Tous les mythonages de Tommy : qu'il était ceinture noire de taekwondo et de jiu-jitsu. Que son père l'avait laissé conduire la Porsche quand il n'avait que treize ans. Qu'on lui a trouvé un QI de 106. Que Gabe Hungate était son meilleur ami. Que lui et Gabe Hungate étaient demi-frères, frères de sang. Que Gabe Hungate lui avait volé sa carte de Roger Clemens[1]. Qu'il savait allumer un feu en frottant deux morceaux de bois. Qu'il avait un jour déplacé une cuillère sur la table de quelques centimètres par la pensée. Qu'il avait perdu sa virginité en colo quand il était au collège. Que son père et lui faisaient du golf tous les samedis. Qu'il était né à Brooklyn. Qu'il savait jouer de la guitare électrique et que son père allait lui en offrir une pour son anniversaire. Que son père gagnait plus d'un million de dollars par an. Que son père donnait un quart de ses revenus à des œuvres de charité. Que son père travaillait secrètement pour la CIA. Que sa mère avait été Miss Sheepshead Bay. Que sa sœur avait été adoptée. Qu'il s'entraînait pour être défenseur. Qu'il hériterait de dix millions de dollars à l'âge de dix-huit ans. Qu'il n'était pas défoncé en ce moment. Qu'Harvard l'avait déjà accepté au vu des scores élevés de ses tests d'évaluation. Que rien de tout ça n'aurait eu d'importance si c'était

vraiment son père qu'on avait enterré là dans le cimetière plutôt que

le mannequin dont il s'était servi pour se faire passer pour mort avant

de s'éclipser au Brésil pour une mission top-secrète dont seul Tommy,

son unique confident, connaissait l'importance.

1. Joueur de base-ball dans les ligues majeures de 1984 à 2007, considéré comme l'un des plus grands lanceurs de tous les temps.

56 *Quête de* Sens *est l'un des organismes les plus communément répandus dans les Familles d'Amérique du Nord. L'identifier est néanmoins d'autant plus ardu qu'il a la capacité de mimer les autres espèces, telles que* Infidélité *et* Matériel.

VOIR AUSSI :
ALLEZ SAVOIR (16) AMI DE LA FAMILLE (18)
ANGOISSE (22) COLÈRE (32) CULPABILITÉ (40)
HIÉRARCHIE (68) INCERTITUDE (70) INFIDÉLITÉ (72)
PROVIDENCE (102) RECONNAISSANCE (110)
VALEURS FAMILIALES (132)

## *SÉPARATIONS, AMIABLES ET CONFLICTUELLES*

L'expression de son visage, son beau visage qui était maintenant, sous les pansements, jaune, vert et gris, une cicatrice à vif. Le son haut perché qui était sorti de sa bouche quand elle était entrée dans son champ de vision. Ses yeux qui s'étaient fermés, sa bouche qui s'était tendue. L'infirmière avait dû lui injecter une nouvelle dose de Demerol pour qu'il puisse relâcher son visage. C'est ce que ressentirait n'importe quelle mère. Elle n'aurait pas dû encourager les graffitis. Intérieurement, elle s'affaissait, comme une voile déchirée de haut en bas, mais elle se répétait qu'elle ne devait pas montrer sa faiblesse. Elle posa alors la main sur le sommet de sa tête bandée, aussi légère qu'une pensée. Elle dit : « Oh, chéri. » Elle dit : « Je t'aime. Je suis là. Je t'aime. » Elle pria qu'il l'entende, qu'il attache de l'importance à ces mots, à une émotion profonde telle qu'elle n'en avait pas éprouvé depuis le jour où il était né. Elle n'avait pas remarqué l'arrivée de Jack et sursauta un peu quand elle sentit son bras autour de son épaule. Elle n'ouvrit pas les yeux, n'interrompit pas son murmure, ne fit aucun geste pour l'écarter. Elle sentait son torse se soulever et retomber contre son bras, elle appuya la tête sur lui, doucement, voulant à toutes forces croire, ne fût-ce qu'un instant, qu'il était là pour ça.

*Aux prises avec* Rivalité entre frères et sœurs, *les deux sous-espèces de* Séparation *ne peuvent coexister paisiblement. Cependant, en dépit des caractéristiques qui les distinguent, chacune est capable de muter de l'une à l'autre au fil du temps.*

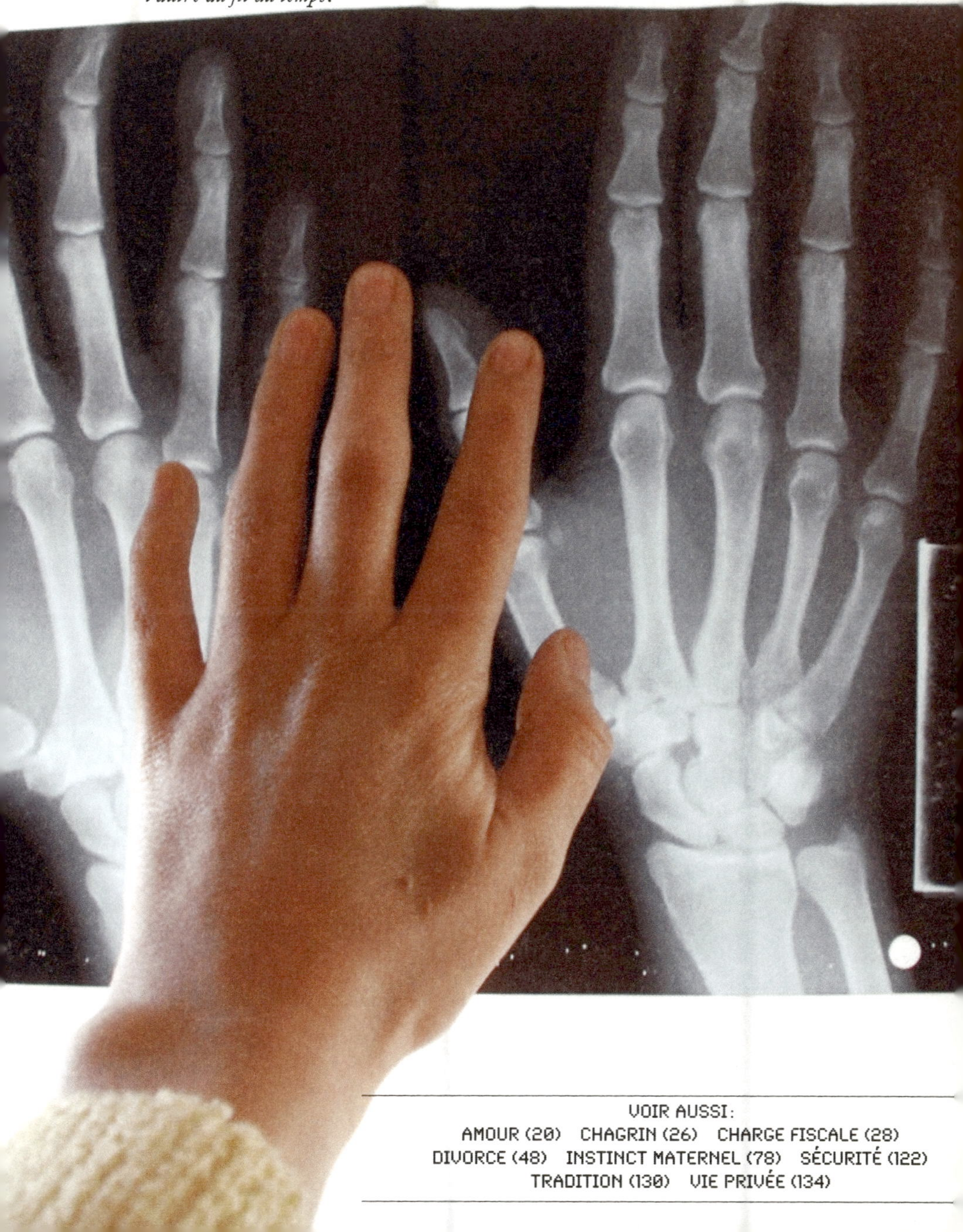

VOIR AUSSI :
AMOUR (20) CHAGRIN (26) CHARGE FISCALE (28)
DIVORCE (48) INSTINCT MATERNEL (78) SÉCURITÉ (122)
TRADITION (130) VIE PRIVÉE (134)

## *TENDRESSE*

Cette année-là, ils allèrent au musée surtout pour le plaisir que leur procurait le moment où ils en sortaient, quand le monde, l'espace de quelques minutes, redevenait ce qu'il était pour les enfants qui montaient et descendaient les marches en courant : ligne et couleur, jaune éclaboussant les branches des chênes même en hiver, le rouge éclatant d'un globe de métro, sucette enfoncée dans le ciel, salive livide. Plus tard, ils traversaient le parc pour prendre la ligne B ou C jusqu'à Penn Station, et un jour, quelque part au milieu où les immeubles avaient presque disparu, il lui apprit à regarder comme un impressionniste. « Il faut plisser les yeux, Lacey, dit-il. Non, comme ça. » À un moment donné (Frank insista) le vert apparaît. Tu y es ? Tu le vois ? Parce que d'avoir une fille lui avait, pendant un certain temps, donné l'impression de s'être régénéré, de voir le monde débarrassé des limites qu'il s'était peu à peu habitué à imaginer. Parce qu'il savait qu'ils avaient besoin tous les deux de croire en la possibilité de régénération, du temps où ils allaient encore au musée.

58 *La* Tendresse *sauvage est moins résiliente que l'*Amour*; en l'absence de mesures efficaces, l'espèce aura probablement disparu en 2030.*

VOIR AUSSI :
ATTRACTION (24) CRISE DE LA QUARANTAINE (38)
ENGAGEMENT (52) INTIMITÉ (82) RÉCONCILIATION (108)
VIE PRIVÉE (134)

# TRADITION

Tous les ans, quand les enfants étaient petits, nous les laissions ouvrir un cadeau le soir de Noël. J'avais presque oublié, jusqu'au moment où Jack a remué dans sa chaise près de la porte et a déclaré qu'il revenait tout de suite. Il avait toujours été sentimental – c'était lui qui avait pensé que Gabe aimerait le sapin en plastique floqué qu'on vendait au Walgreens de l'autre côté de l'autoroute ; c'était sa guirlande de lumières colorées dont l'intensité croissait et décroissait dans le verre stérile de la fenêtre. Laissant Jackie regarder tantôt la télévision, tantôt son frère endormi, je suis allée à la fenêtre pour suivre les pas de Jack dans le parking. Du haut du quatrième étage, je voyais les lampes à arc comme des perles dans les mailles d'un filet. Dès que le sapin s'éteignait, je voyais la première neige de l'hiver amoncelée au bord des trottoirs, piquetée de cailloux et de brindilles, mais toujours légèrement luisante. Je voyais clignoter les lumières sur l'autoroute au travers d'un écran d'arbres et, au-delà, l'horizon violet, la lueur solitaire et lointaine d'un avion se hissant vers les nuages, un vol longue distance en direction de l'Europe ou de la Californie. Quand il réapparut sur le seuil, il tenait l'étoile. Elle avait appartenu à sa mère avant de nous revenir. Maintenant pour la dernière fois elle surmonterait notre arbre. Avant de revenir à notre fils, s'il vivait pour fonder une famille à lui.

59 *Il est courant de trouver de nombreuses* Traditions *de formes et de tailles différentes coexistant dans le même habitat.*

VOIR AUSSI :
CRISE DE LA QUARANTAINE (38) ÉCLAIR DE LUCIDITÉ (50)
FÊTE (56) JEUNE (86) PHASE (100)
RÉCONCILIATION (108)

# *VALEURS FAMILIALES*

Longtemps après que sa vie avait cessé de ressembler à celle qu'il s'était imaginée enfant – après que les pantalons sport repassés avaient remplacé les jeans, qu'une maison à Long Island avait remplacé l'appartement sans ascenseur de l'East Side, que l'euphorie d'une vente à découvert massive avait remplacé celle d'une ligne de coke, qu'il avait cessé de reconnaître la jeune fille de Brooklyn qu'il ne pouvait pas s'empêcher de peloter dans la maîtresse de maison en surpoids qu'il avait épousée – Frank écoutait The Who. Il gardait le disque trois du coffret dans la Suburban et le disque quatre dans son Discman. Le monde autour de lui ne lançait plus ses puissants accords, mais, paralysé dans les embouteillages ou occupé à soulever de la fonte dans une salle de sport hors de prix, il ressentait encore, prisonnière de sa cage thoracique, la faim qui avait trouvé son expression parfaite avec « The Seeker », avec « Won't Get Fooled Again ». Même quand il n'y avait pas de musique, The Who jouaient dans sa tête. C'était « Who Are You » qu'il écoutait cet après-midi-là, dans le jardin des Hungate. Il se tenait à côté de Jack non loin du barbecue, s'intéressant ostensiblement à quelque affaire juridique, mais dans sa tête il n'y avait que « Who are you ? Who, who, who, who ? ». Il alluma une autre cigarette et regarda en direction de la piscine. Tommy était debout dans le petit bassin, un tee-shirt blanc mouillé collé à son torse mou de petit garçon. Il tirait la langue à la petite Hungate, Jackie, qui lui tirait la langue. La langue de Tommy disparut au moment où Elizabeth s'agenouilla au bord de l'eau pour lui demander s'il voulait un Coca. Un tee-shirt couvrait le haut de son deux-pièces ; elle repliait ses jambes bronzées. Frank sentit une excitation sous son maillot de bain... suivie d'un sentiment de gêne quand le petit garçon répondit « Ouais ». « Tu oublies de dire merci ? lui cria Frank. À la bonne heure », ajouta-t-il après que son fils, les joues rouges, eut bafouillé un remerciement ; il ne voulait pas qu'elle croie qu'ils n'étaient pas proches, Tommy et lui, ou qu'il n'était pas le genre de père affectueux qu'il était en réalité. Et avant de se relever et de disparaître à l'intérieur de la maison, elle le gratifia d'un petit sourire. Il demanda pardon à Jack. « C'est juste que nous insistons beaucoup sur le respect dans cette maison. Tu disais ? » Coupable de cette pensée impure, il s'efforça d'autant plus de donner l'illusion d'écouter, mais le Roger Daltrey à l'intérieur de sa tête s'obstinait à crier : *Who the fuck are you* ? T'es qui, putain ?

60 *Les spécimens de ce type – une espèce miniature de* Tradition *– se reconnaissent par leur apparente délicatesse et leur séduisant plumage. Attention, prudence avec* Valeurs familiales *: sous leur camouflage se dissimule une concupiscence farouche.*

VOIR AUSSI :
CHARGE FISCALE (28) CRÉDIT IMMOBILIER (36)
CRISE DE LA QUARANTAINE (38)
CULPABILITÉ (40) DÉPRESSION (42) DISCRÉTION (44)
INCERTITUDE (70) SENS, QUÊTE DE (124)

## *VIE PRIVÉE*

Quand l'infirmière était revenue changer le bassin et remplacer les poches de perfusion, la fille s'était évaporée comme un esprit nocturne, ne laissant derrière elle que la chaise qu'elle avait rapprochée du lit, une quantité de mouchoirs froissés et une grille de mots croisés inachevée. Le patient, pour sa part, dormait encore. La main sur la couverture n'était pas brûlée, une main d'enfant. Elle la retourna avec précaution pour vérifier que l'aiguille était bien fixée et eut la surprise de trouver, dessiné à l'encre sur la paume, un cœur bleu malhabile, un cœur de Saint-Valentin. L'après-midi suivant, au cours de sa toilette à l'éponge, elle veillerait à éviter cette zone car il semblait avoir une signification pour le patient.

61 *Les experts divergent sur la question de savoir si cet organisme fragile est en train de disparaître du paysage ou s'il évolue simplement vers une espèce plus résistante.*

VOIR AUSSI :
AMOUR (20) ATTRACTION (24) CHAGRIN (26)
ENGAGEMENT (52) FIDÉLITÉ (58) HABITUDES, BONNES (62)
INTIMITÉ (82) MATURITÉ (94) TENDRESSE (128)

## *VULNÉRABILITÉ*

Jackie et son père étaient allés voir *Le Roi Lion* à Broadway, et Gabe dormait chez une amie, mais Elizabeth ne s'était pas donné la peine d'abaisser les stores de la grande porte coulissante du salon. La lumière fluorescente de la cuisine dessinait une tache blanche sur le verre, derrière laquelle tout n'était que pluie noire. Debout, elle imaginait qu'un assassin, ou un violeur, l'observait dans les ombres du jardin. Elle s'efforça de se dire qu'elle s'en fichait, que ce qui pouvait arriver lui était égal. Et pourtant, elle sursauta un peu quand on sonna à la porte.

plier

couper

Fabriquez vous-même l'album de votre maison.
Arrachez soigneusement cette page. Coupez le long des lignes marquées «couper». Pliez le long de lignes marquées «plier». Rassemblez les pages et demandez à votre mère ou à votre père de les agrafer.

couper

plier

# BIOGRAPHIES DES PHOTOGRAPHES

Jordan Alport (« Mythologie ») est un cinéaste américain, auteur de films publicitaires, de courts-métrages et de documentaires. www.the colormachine.com/jordan-alport

Timothy Briner (« Secret »), né en 1961, est un photographe américain basé à Brooklyn, New York. Il est membre du collectif de photographes Piece of Cake. www.timothybriner.com

Jessica Bruah (« Chagrin ») est originaire de l'Illinois. Elle vit actuellement dans le Queens, New York, et a été diplômée de la School of Visual Arts en 2009. www.jessicabruah.com

Kara Canal (« Divorce »). Artiste et enseignante, elle vit à Brooklyn. www.openstudiobrooklyn.com

Sandy Carson (« Sens, quête de ») est un photographe écossais et un cycliste professionnel établi à Austin, Texas. Son travail a fait l'objet d'expositions nationales et internationales. Il a publié deux monographies : *Paradise Has Relocated* (2010) et *We Were There* (2016). Son travail est publié, entre autres, dans *The New York Times*, *Aperture*, *The Guardian*, *The Oxford American* et *Juxtapoz*. www.sandycarson.com

Alana Celii (« Incertitude », « Jeune ») est photographe et éditrice photo. Elle vit et travaille à Brooklyn. Elle est diplômée de la Parsons School of Design (2009). Elle expose aux États-Unis et dans le monde. www.alanacelii.com

Janice Clark (« Hiérarchie »), auteure du roman *The Rathbones*, est écrivaine et designer. Elle vit à Chicago.

Jason Curtis (« Intimité ») est un directeur artistique et un photographe installé à Portland, Oregon, après avoir passé une grande partie de sa vie à New York. Il est diplômé en photographie du Pratt Institute. www.jasoncurtis.net

John Paul Davis (« Réconciliation ») est un poète, musicien et programmeur basé à New York. Pour plus d'informations sur lui, ses publications et son travail. www.johnpauldavis.org

Chris Eichler (« Discrétion », « Attraction », « Foyer », « Crédit immobilier », « Vie privée », « Sécurité ») est photographe depuis plus de quinze ans. Son travail documentaire et artistique a été montré dans quantité de revues et de galeries. www.chriseichler.com

Amy Elkins (« Séparations, amiables et conflictuelles ») est née à La Nouvelle-Orléans en 1979 et vit aujourd'hui dans la région de Los Angeles. Elle est diplômée de la School of Visual Arts en photographie, a beaucoup publié et a été exposée au Center for Creative Photography à Tucson, Arizona ; au Minneapolis Institute of Arts et à la Kunsthalle Wien, à Vienne, entre autres. Elle a été lauréate d'une résidence Lightwork, du prix Aperture, de la résidence Villa Walberta International à Munich et d'une bourse de la Peter S. Reed Foundation. www.amyelkins.com

Jason Falchook (« Ironie ») vit et travaille à Brooklyn. Il est diplômé du Corcoran College of Art and Design. Ses photos traitent de la manière dont nous organisons et habitons un environnement bâti. Son travail fait partie des collections permanentes de la National Academy of Sciences, du Département d'État Américain, et de nombreuses collections privées. Il a exposé aux États-Unis et à travers le monde, et participé à des expositions de groupe au Fort Lauderdale Museum of Art, à la Corcoran Gallery of Art, au Katonah Museum of Art et au Bronx Museum of Art. www.jasonfalchook.com

Elizabeth Fleming (« Rivalité entre frères et sœurs ») est photographe et chercheuse en justice sociale. Elle vit avec son mari et ses deux filles à Mapplewood, NJ. Elle est diplômée de l'Université de Washington à St. Louis et du département Photo et Images de la School of Visual Arts. Elle est également diplômée de sociologie de l'Université Columbia. www.elizabethfleming.com

Catherine Gass (« Vulnérabilité ») est professeure assistante de photographie à la School of the Art Institute de Chicago. Elle est également photographe de la Newberry Library. www.catherinegass.com

Hans Gindlesberger (« Angoisse ») vit et travaille dans le nord de l'État de New York. Ses travaux, incluant photographies, vidéos, installations et nouveaux médias ont été exposés à la Galleri Image (Aarhus, Dannemark); au Mt. Rokko International Photography Festival (Kobe, Japon); au Festival Voies Off (Arles, France); et à FILE Media Art (São Paulo, Brésil). Il donne des conférences aux États-Unis et à travers le monde. Son travail a été récemment publié dans *Diffusion*, *LensCulture* et dans l'anthologie *Flash Forward Tenth*, publiée par la Magenta Foundation. www.gindelsberger.com

Andres Gonzalez (« Adolescence », « Questions, lancinantes ») est photographe, enseignant et éditeur. Il vit et travaille à Vallejo, Californie. Il a été lauréat de *Photo District News*, de la Alexia Foundation et d'une Bourse Fulbright. En 2002, il a publié une première monographie, Some(W)Here, largement saluée. www.andresgonzalezphoto.com

Maury Gortemiller (« Habitudes, mauvaises », « Crise de la quarantaine ») est un photographe et enseignant basé à Atlanta. Son travail a été exposé au musée d'Art contemporain de Géorgie, au Centre d'art contemporain d'Atlanta et à la Galerie de la Fondation Aperture à New York. Il publie également des articles sur la photographie et l'art contemporain, tout récemment dans *Art Papers*, *Perdiz Magazine* et *The New Encyclopedia of Southern Culture* (University Press of Mississippi.). www.maurygortemiller.com

Jonathan Gitelson (« Allez savoir ») vit à Brattleboro, dans le Vermont. Il enseigne l'art en tant que professeur associé au Keene State College du New Hampshire. Son travail a été exposé aux États-Unis et à travers le monde, et fait partie des collections permanentes du MoMa, du Milwaukee Art Museum, du Museum of Fine Arts Houston, et du Museum of Contemporary Photography. www.thegit.net

Jennifer Greenburg (« Résignation ») est professeure associée à l'Indiana University Northwest. Elle est diplômée de l'Université de Chicago et de la School of the Art Institute. Son travail est présenté aux États-Unis et à travers le monde, et des expositions personnelles ont été organisées au Hyde Park Art Center et au Print Center, entre autres. Certaines de ses œuvres font partie des collections permanentes de Light Work, du Museum of Contemporary Photography et du Museum of Photographic Arts. En 2009, elle a publié une monographie, *The Rockabillies*. www.jennifergreenburg.com

Ben Huff (« Intégrité ») est photographe, il vit et travaille à Juneau, en Alaska. Son livre *The Last Road North* a été publié par Kehrer Verlag en 2014. Il travaille actuellement sur un long projet à propos de l'île Aléoutienne d'Adak tout en s'intéressant à des sujets plus modestes dans le Nord. www.huffphoto.com

Christy Karpinsky (« Phase ») est née et a grandi en Arizona. Elle enseigne au Columbia College de Chicago. www.christykarpinsky.com

Mickey Kerr (« Tradition ») est né et a grandi à Kansas City, Missouri. Installé à New York, il réalise des photos commerciales et artistiques. Son travail est largement publié et présenté, en particulier lors d'expositions personnelles à la galerie MyArtProspects et à *International Fame: 100 Portraits* de FlakPhoto. Il est diplômé de l'International Center of Photography, où il a été nommé au poste d'attaché d'enseignement Sandy Luger. Il vit actuellement avec sa femme et sa fille dans le nord de Manhattan.

Liz Kuball (« Divertissement ») est une photographe commerciale et éditrice photo basée à Los Angeles. Elle collabore à *Dwell*, *Condé Nast Traveler*, *The New York Times*, *Monocle*, l'Ace Hotel et Medium. Son travail artistique a été présenté aux États-Unis, dans *The Collector's Guide to Emerging Art Photography*, et sélectionné par 20X200. www.lizakuball.com

Michael Kwiecinski (« Âge adulte ») a étudié la photographie à New York. Il vit et travaille à présent en Californie du Sud. www.mckphoto.org

Shane Lavalette (« Liberté », « Éclair de lucidité ») est photographe, éditeur, rédacteur de Lavalette et le directeur de Light Work, association photographique à but non lucratif basée à Syracuse. www.shanelavalette.com

Jason Lazarus (« Rébellion ») est artiste, commissaire d'expositions, enseignant et écrivain. Il vit et travaille en Floride. Ses expositions les plus récentes ont eu lieu au Museum of Contemporary Art de Chicago, à la galerie Andrew Rafacz ainsi que dans Black Is, Black Ain't à la Renaissance Society, About Time au San Francisco Museum of Modern Art, et Michael Jackson Doesn't Quit, Part 3, à la Galerie Future de Berlin. Des monographies sur son travail ont été publiées par Light Work, SF Camerawork, et l'Illinois State University. Il est actuellement professeur assistant à l'University of South Florida. www.jasonlazarus.com

Stacy Arezou Mehrfar (« Infidélité ») a exposé son travail aux États-Unis, en Australie, en Pologne et en Allemagne, et ses photographies font partie de nombreuses collections publiques et privées à travers le monde. Sa première monographie, *Tall Poppy Syndrome*, a été publiée en 2012 par Decode Books, Seattle. Après huit ans passés dans la merveilleuse Sydney, en Australie, Stacy est revenue vivre à New York, sa ville bien-aimée, en 2016. www.stacymehrfar.com

Nick Meyer (« Colère ») vit et travaille dans l'ouest du Massachusetts. Sa première monographie, *Pattern Language*, a été publiée en 2010 par Brick Publishing et la seconde est attendue chez Daylight Books en 2017. www.nickmayerphoto.net

Matt Nighswander (« Engagement ») est photographe et éditeur photo, et vit à Brooklyn. Il est diplômé du Columbia College Chicago. Il a présenté des expositions personnelles à la Pictura Gallery à Bloomington, Indiana, et au Centre for Fine Art Photography à Fort Collins, Colorado. Son travail a été publié dans *The New York Times*, *Adbusters* et *The British Journal of Photography*, ainsi que sur Internet sur Times.com et DailyMail.com. Il attend patiemment que le public exige la reformation de son groupe, créé après ses années de fac. www.mattnighswander.com

Alexis Pike (« Sacrifice ») représente la sixième génération née en Idaho et puisant son inspiration dans ses gènes géographiques. Elle vit actuellement à Bozeman, Montana, et est professeure associée à la Montana State University. Son travail photographique a été publié dans *Harper's Magazine* et *WIRED*. Elle a également figuré dans la liste des 50 finalistes de Critical Mass, et a exposé dans l'installation publique THE FENCE ainsi qu'à la Blue Sky Gallery de Portland, qui a publié une monographie de ses œuvres. www.alexispike.com

Colleen Plumb (« Fête ») réalise photographies et vidéos, et enseigne au Columbia College Chicago. Sa première monographie, *Animals Are Outside Today*, a été publiée par Radius Books. Elle vit à Chicago avec son mari et ses deux filles. www.colleenplumb.com

Gus Powell (« Amour », « Rumeur ») est photographe et designer. Il vit à New York. Il a publié *The Company of Stranger* et *The Lonely Ones*. www.guspowell.com

Abby Powell-Thompson (« Innocence ») est photographe de plateau et vit dans le Puget Sound, dans l'État de Washington.

J. K. Putnam (« Chimie ») est photographe professionnel de paysage et de nature, et vit à Mount Desert Island, Maine, qui abrite l'Acadia National Park. www.jkputnamphotography.com

Shawn Records (« Inné *vs* acquis ») est diplômé de la Boise State University et de la Syracuse University. Son travail a été largement présenté et fait partie des collections permanentes du Museum of Contemporary Photography et du Portland Art Museum, entre autres. En parallèle de son œuvre artistique, il réalise des commandes pour *Vice*, *Dwell*, *Travel & Leisure* et *The New York Times Magazine*. Il vit, travaille et enseigne la photographie à Portland. www.shawnrecords.org

Rebecca Blume Rothman (« Valeurs familiales ») est photographe, illustratrice et directrice de projets en charge d'importantes commandes artistiques publiques. Elle vit et travaille à Phoenix, Arizona. www.rebeccablumerothman.com

Matthew Schenning (« Dépression », « Charge fiscale »). Né à Baltimore, Maryland, où il a passé sa jeunesse à jouer dans les espaces abandonnés situés sous les échangeurs d'autoroutes, il vit et travaille maintenant à Brooklyn. Tout en cherchant à comprendre sa relation avec son environnement, il introduit un peu d'humour et de poésie dans l'imagerie quotidienne. www.schenning.com

David Shulman (« Lutte pour la garde », « Optimisme ») est un photographe installé à Brooklyn, et le cofondateur de Boundless Brooklyn.

Kevin Sisemore (« Instinct maternel », « Tendresse ») vit et travaille à Kansas City. www.kevinsisemore.virb.com

Brandon Sorg (« Providence ») est photographe et vit à New York. www.printsale.brandonsorg.com

Brian Sorg (« Reconnaissance ») joue les équilibristes entre photographie commerciale et photographie artistique depuis son diplôme, obtenu en 2006 au Columbia College. Son travail a été présenté dans plus de cinquante expositions personnelles et publié dans *Rolling Stone*, *XXL*, *Blommberg Businessweek*, *ESPN Magazine*, *Esquire Russie*, *Glamour France*, *L'Uomo Vogue* et *Marie Claire*. www.briansorgfoto.com

Sai Sriskandarajah (« Consensus », « Culpabilité ») est avocat, artiste, photographe et bricoleur. Il vit à San Francisco avec sa famille. www.saiskriskandarajah.com

Tema Stauffer (frontispice, « Ennui ») est photographe et vit à Montréal. Son travail s'intéresse de près au paysage social, économique et psychologique des espaces américains. Il a été exposé aux États-Unis et à travers le monde par les galeries Sasha Wolf, Daniel Cooney Fine Art et Jen Bekman à New York, ainsi qu'à la Smithsonian National Portrait Gallery. La bourse AOL 25 for 25 pour l'innovation dans les arts, a récompensé en 2010 son travail en tant qu'artiste, commissaire d'expositions et écrivaine. Stauffer est professeure assistante de photographie à l'Université Concordia de Montréal. www.temastauffer. com

JJ Sulin (« Fidélité »), né en 1970, est photographe. Il vit et travaille à Brooklyn. Son travail s'intéresse au quotidien. www.jjsulin.com

Brian Ulrich (« Matériel ») est un photographe américain connu pour sa manière d'explorer la société de consommation. Les œuvres d'Ulrich sont entrées dans les collections de l'Art Institute of Chicago et du Cleveland Museum of Art. En 2009, il a été lauréat d'une bourse Guggenheim. Son travail a été publié dans *The New York Times*, *Mother Jones*, *Artforum* et *Harper's*. Aperture et le Cleveland Museum of Art ont publié sa première importante monographie, *Is This Place Great or What*, en 2011. En 2013, la Galerie Anderson a publié son catalogue « *Closeout : Retail, Relics and Ephemera* ». www.notifbutwhen.com

Consider Vosu (« Héritage ») vit et travaille à Portland.

Grant Willing (« Ami de la famille ») est un artiste installé à Brooklyn. Il a présenté son travail aux États-Unis et à l'étranger, et il a également publié plusieurs livres de photographies et de dessins sur des thèmes aussi variés que le black metal ou les agrumes. www.grantwillig.com

# TABLE DES MATIÈRES

Achevé d'imprimer en France par Loire Offset Titoulet en février 2017
Dépôt légal : avril 2017